Das Buch

Ist eine kleine Sammlung von alltäglichen Begebenheiten. Von Menschen wie wir sie vielleicht selber kennen. Von Ereignissen, wie sie immer und überall vorkommen können. Nun aber gerade nicht bei uns selbst, denn jeder von uns steht über den Dingen, aber es gibt sie. Erzählt sind sie, wie sie halt passiert sind. Da ist nichts verschönert oder übertrieben. Na ja, vielleicht ein ganz klein wenig. Vielleicht erkennt sich aber der eine oder andere wieder, dann wären diese Ähnlichkeiten nun wirklich r e i n zufällig.

Ich wünsche jedenfalls etwas Zeit zum lesen und ein paar nette Stunden.

Der Autor

Klaus F. ist jetzt 52 Jahre jung. Er ist alleinerziehender Vater von einem dreizehn jährigen Jungen. An seiner Seite hat er die beste Lebensgefährtin, die er sich vorstellen kann. Viele Jahre hat es gedauert, bis Klaus F. endlich etwas vom BoD erfahren hat und so konnten seine in nächtelanger Arbeit entstandenen Geschichten endlich gedruckt werden. Z.Zt. arbeitet Klaus F. bei einem Sicherheitsunternehmen in Süddeutschland und schlägt sich hin und wieder ganze Nächte im Dienst um die Ohren

September 2000   © Klaus F.

Umschlaggestaltung und Layout: Klaus F.

Karlsruhe

Herstellung: Libri Books on Demand

Printed in Germany   ISBN 3-8311-0922-2

Alles was im Büchlein steht

Vorwort oder was die meisten denken

Die meisten oder man kann sagen alle Leser von jeglicher Literatur machen sich garantiert ihre Gedanken über die „Arbeit" eines Schriftstellers und beneiden ihn um diese. Der Schreiberling kann zu Hause rumhängen, schreibt wann immer er Lust dazu hat. Regelmäßig hält er ein zwei- bis dreistündiges Mittagsschläfchen und trink Hektoliter von billigem Bohnenkaffee.

Aber hier möchte ich allen Lesern mal ganz gehörig ihre schwache Brise aus den Segeln nehmen.

Nicht das einer denkt, ein Schriftsteller schläft bis in die Puppen, frühstückt dann so bis zwei Stunden, schreibt zwei bis drei Worte und macht dann noch ein kleines Schläfchen vor dem Mittagsmahl. Nach dem Mittagsschmaus mit sieben Gänge macht er einen leichten Verdauungsspaziergang mit seinem krummbeinigen Dackel. Nach der Kanne Kaffee und den zwei Stück Sahnetorte schreibt er schnell noch eine halbe Seite an seinem neuen Roman, um dann nach dem Nachtessen zu einer der unzähligen ausschweifenden Partys zu ziehen.

Diese Meinung irrt liebe Leser ganz gewaltig.

Ich werde Sie mal in aller Offenheit und Bandbreite aufklären. Schon der Nachtschlaf eines schriftstellerischen Denkers ist von Alpträumen und hellwachen Augenblicken gestört. Ihm geht die Letzt geschriebene Seite seines neuen Romans, welche er schon siebzehn mal in den Papierkorb gefeuert hat, nicht mehr aus seiner Schweißtropfen tragenden Denkerstirn. Er will ja schließlich keinen Mist liefern, sondern mit Qualität aufwarten können.

Morgens in aller Frühe quält er sich dann in großer Hast einen dünnen Kaffee und ein flach bestrichenes Butterbrot in den leeren Magen. Mit leerem Magen findet er nun mal überhaupt keinen richtigen Gedanken. Außerdem möchte er das Sprichwort „Morgenstund hat Gold im Mund" (nicht der Schreiberling) für sich nutzen.

Dann sitzt er grübelnd und schwitzend in der Sommerhitze auf dem schmalen Balkon und die liebe Sonne droht die wabbernde Masse unter seiner Schädeldecke fast völlig auszutrocknen. Nachdem er den Papierkorb dann schon zum dritten Mal geleert und sein liebes Frauchen ihn mit unzähligen unwichtigen Fragen immer wieder aus dem Konzept gebracht hat, hat er endlich den dichterischen Faden wiedergefunden und einen inhaltlich vertretbaren Text auf eine DIN-A4 Seite gebracht. Die Grammatik wird ihn dann aber auch noch einige Korrekturzeit kosten. Abgemagert und kraftlos hängt er dann über dem Teller Bohnen aus der Dose, der aber auch nicht ganz schmecken will. Nicht weil die tolle Bohnensuppe etwas versalzen ist, sondern weil er in Gedanken ganz bei seiner letzten Seite ist und immer noch nicht versteht, warum diese nicht auch in den Papierkorb gelandet ist.

Am Nachmittag ist es fast unmöglich einen klaren Kopf zu behalten, da die vier Sprößlinge des Genies auch ihr Recht auf ihn haben bzw. glauben zu haben. Da bleibt dann wirklich kein Auge trocken. Zeitweilig hat er dann auch noch mit den Schleppen von zentnerschweren Kohlen- und Mühleimern zu tun, da ja auch seine ganze Familie denkt – der Mann ist nicht ausgelastet. Der krummbeinige Dackel muß dann auch noch eine Stunde Gassi geführt werden und nebenbei kann der arme Mann dann auch noch den heimischen Kühlschrank durch Einkäufe im Supermarkt füllen. Ab und zu darf er dann zu mindestens mal seine ganz persönliche Notdurft verrichten. Nach dem bescheidenen Abendmahl, welches er jetzt versucht in Ruhe zu sich zu nehmen, stürzt er sich nochmals an seine zwanzig Jahre alte Schreibmaschine. Krampfhaft versucht er nun seine wirren Gedanken zu ordnen. Während sein allerliebstes Frauchen „Dallas" und andere wichtige Serien inhaliert, bringt er dann doch noch zwanzig Worte auf das blütenweiße Schreibmaschinenpapier.

Gegen Mitternacht fällt er dann total gestreßt und ohne jegliche körperliche Befriedigung in seine Kissen, um diesem verrückten Kreislauf niemals entrinnen zu können. Jeden zweiten Tag gehen ihm Selbstmordgedanken durch seine

Hirnwindungen und er liest wöchentlich die unzähligen Stellenangebote in der Presse mit der immer wiederkehrenden Erkenntnis:

„Ich kann doch nicht anders"

Möchten Sie, liebe Leser jetzt immer noch ihre schönen Jobs als Bäcker, Postbeamter oder Aktenvernichter aufgeben und mit ihm tauschen?

Alle Jahre wieder

Wie jedes Jahr wieder sollte es unabwendbar über uns hereinbrechen. Gott sei dank aber nicht nur über uns, sondern über den ganzen Rest der Welt. Das Fest der Freude und der vorherigen Heimlichkeiten – das allseits mehr oder weniger beliebte Weihnachtsfest.

Schon seit einigen Wochen hing auch über unsere Familie eine Spannung von ca. 1000 Volt und jeder suchte heimlich seine Heimlichkeiten zu verheimlichen. Jeder suchte sich ein mehr oder weniger sicheres Versteck für seine Geschenke an die jeweils anderen Familienmitglieder. Da wir aber nur in einer normalen Vier - Zimmerwohnung und nicht in einem 100 Zimmerschloß eingemietet waren, gab es da nicht viel Spielraum zum Verstecken.

Wir alle vier leiden auch an einer angeborenen Superneugierde, deshalb war nach einer individuellen und natürlich auch heimlichen Suche des gegnerischen Verstecks schon oft zwei bis drei Wochen vor der Bescherung allen alles bekannt. Wir hätten somit das Tannennadelfest auch immer viel früher als die anderen abhalten können, aber Tradition ist nun mal Tradition.

Nur meine Geschenke waren keinem der anderen Sucher je vorher unter die Augen gekommen, denn ich hatte die Angewohnheit, immer erst am Heiligen Abend in letzter Sekunde die Wünsche meiner Familie zu erfüllen. Aber ich war mit dieser Angewohnheit leider nicht allein. Bestimmt die Hälfte aller Erdenbürger schien von dieser Krankheit befallen zu sein, denn es war immer der blanke Horror in den Kaufhäusern. Jedes Jahr nahm ich mir in diesem Knochen – brechenden Gedränge fest vor, schon im Juli oder August alles zu besorgen.

Es blieb aber immer beim alten.

Die weiteren Vorbereitungen der Beschenkung am heiligen Abend erforderten aber auch einen einigermaßen handwerklich begabten Hausherrn.

So erwartete meine Familie mit fiebernden Augen, mich und meine gut verpackten Geschenke unter dem rechten starken

Arm schon an der geöffneten Wohnungstür. Unter dem linken Arm klemmte wie jedes Jahr einer der letzten zu bekommenden Weihnachtsbäume. Ich kaufte dieses grüne und sehr wichtige Zubehör immer erst am Heiligen Abend, denn da bekam ich einen gehörigen Rabatt. Das eingesparte Geld konnte ich dann beim Kauf der Weihnachtsgeschenke drauflegen.

Ich war halt ein schlaues Kerlchen – oder nicht?

Dieses Jahr hatte ich aber ein wirklich schreckliches Bäumchen erwischt, aber da es diesmal besonders preiswert gehandelt wurde, konnte ich wenigstens zwei der letzten recht krummen und Zweig – losen Exemplare erstehen. Die beiden mußten einmal in finsteren Nadelwald direkt nebeneinander gestanden haben, denn beide waren wie zwei Zwillinge anzusehen. Beide mit einem krummen Stamm, einigen schlecht verteilten Ästen, aber ansonsten noch gut in den Nadeln.

Der Anblick der verpackten Kartons ließ die Augen meiner Frau Anne und die der beiden Jungen Marcus und Antonio hell aufleuchten. Beim gemeinsamen Blick auf die beiden Tannenzwillinge konnte ich sofort das Gegenteil erkennen. Ich hatte mir bei den Tannenbäumchen schon was dabei gedacht. Sie wurden ganz einfach von mir fachmännisch zusammen gebunden und schon hätten wir ein gerettetes Weihnachtsfest.

Nach knapp einer Stunde hatte ich den notwendigen Christbaumständer in dem immer ordentlich aufgeräumten Keller gefunden. Meine drei, auf Geschenke wartenden, übten in dieser Zeit weihnachtliche Gesänge und bekamen sofort Freudentränen in ihre erwartungsvollen Äuglein, als ich aus dem Keller wieder hochkletterte.

Obwohl die Fuchsschwanzsäge von mir selten benutzt wurde, brauchte ich doch drei größere Schweißausbrüche, ehe ich mit diesem stumpfen Schwanz die beiden Nadelgestelle auf die richtige Länge für unser Wohnzimmer gebracht hatte. Ihre beiden dünnen Stämmchen paßten aber Gott sei dank zusammen wackelfrei in den Christbaumständer. So sollte unser Zwillingsbaum endlich gegen 17.00 Uhr in voller Größe und in etwas krummer Schönheit vor uns stehen. Leider mußte das Prachtstück in diesem Jahr ohne Christbaumspitze auskommen, da das gläserne Teil kurz vor der Übergabe von Marcus an mich, dank allgemeiner Schwerkraft zu Boden fiel. Daß wir unseren Baumkugelvorrat hätten auch mal wieder auffüllen müssen, war mir nach einigen suchenden Blicken in die Weihnachtsbaumzubehörkartons, auch zu spät klar geworden. Ich konnte auch nach dreimaligen Durchsuchen der drei Pappkartons, welche das ganze Jahr recht nutzlos auf unserem Kleiderschrank herum lagen, nicht mehr als fünf weinrote Kugel zu Tage fördern. Da es seltsamerweise alles weinrote waren, beschloß ich, auf alle Fälle nur noch weinrote Kugeln zu kaufen. Diese Farbe schien mir besonders robust zu sein. Es gab aber eine farblich sehr schöne Abstimmung – dieses frische zarte Grün der Zwillinge und die fünf von mir doch noch recht geschickt verteilten weinroten Kugeln. Den Mangel an Christbaumkugeln konnte man aber wirklich erst beim genaueren Hinschauen bemerken.

Das Lametta vom letztem Fest der Freude und Freudentränen war noch recht gut erhalten und nachdem mein Frauchen es gekonnt durchgekämmt hatte, sah es auch wieder fast wie neu aus. Ich verteilte die zwei Kilo silbriges Lametta auf unserem weinrot bekugelten Zwilling und danach sah man die fünf letzten Kugeln auch kaum noch. Auch das grüne Nadelkleid, welche die zwei sich in jahrelangem Wachsen mühevoll angeeignet hatten, hätten die sich sparen können. Wir hatten aber die schönste Silbertanne weit und breit.

Nun aber kam der feuergefährliche Teil der Arbeit und ich ordnete für die beiden Helferjungen vorsichtshalber einen Sicherheitsabstand von zwei Metern zum noch unbeleuchteten Baum an. Ich mußte die Baumkerzen samt den notwendigen Kerzenhaltern wohldurchdacht auf und zwischen dem Lametta anbringen. Bei dieser nun schon jahrelang geübten Tätigkeit hatte ich schon mein eigenes System.

Beim Befestigen der obersten Kerze in schwindelnder Höhe mußte ich oder die kleine Leiter gewackelt haben. Ein gekonnter Rückwärtssalto meinerseits sollte aber die vorzeitige Zerstörung meines Kunstwerkes verhindern. Beim zweiten vorsichtigeren Versuch hatte ich es aber endlich doch geschafft und setzte mich leicht genadelt und in Schweiß gebadet zu einer kleinen Verschnaufpause in den bequemen Fernsehsessel.

Nun drängelten aber Anne und die beiden Buben recht ungeduldig auf die dazu gehörende Bescherung, obwohl es gerade mal 22.00 Uhr war.

So schickten wir die beiden Neugierigen Jungen in ihre Kinderzimmer. An den lieben Weihnachtsmann glaubten die beiden schon seit ihrem zweiten/vierten Lebensjahr nicht mehr. Damals entdeckte unser Jüngster mein Gesicht hinter der teuren Weihnachtsmannmaske und hatte sich danach fast krank gelacht.

Nachdem ich mit Anne alle Geschenke liebevoll aufgebaut hatte, die alte Schallplatte mit kratzendem Geräusch auf die bald folgende Musik hinwies, zündete ich die vorher so systematisch angebrachten Kerzen an.

Ob nun ich oder die für die oberste Kerze unentbehrliche kleine Leiter wieder gewackelt haben, ich weiß es nicht.

Jedenfalls ging alles viel schneller, als vorher und so konnte ich den wichtigen Rückwärtssalto auch nicht mehr zum Zuge kommen lassen.

Zumindestens konnten meine Frau und ich blitzschnell die wichtigen Geschenke unter dem Bäumchen retten und nach vier Eimer Wasser und schreienden Kindern, hatte ich die helle Glut der Überreste meiner Mühen im Keim erstickt.

Zwei Tannenzweige hatten wir noch retten können und außer der nagelneuen Goldkantengardine hatte auch nichts weiter abbekommen.

Renovieren wollte ich im nächsten Frühjahr ja sowieso. Die wunderschönen Geschenke haben uns aber dann doch noch für alles entschädigt. Der herrliche grün gepunktete Schlips von den Jungen fand einen schönen Platz bei meinen anderen dreiundfünfzig nie getragenen Halsverängern.

„Bis bald" – Heidi

Als ich letzte Woche von Maloche nach Hause kam, war meine Frau nicht mehr anwesend. Ein komisches Gefühl schlich vom Magen durch die Speiseröhre in mein Gehirn. Als Betonbaulöwe bin ich ansonsten ein harter und trinkfester Geselle, aber wenn es um meine süße Heidi ging, war ich das blanke Weichei. Ich, und ich glaube auch Heidi, konnte damit aber sehr gut leben.

Jetzt hatte es mich wieder erwischt – die Weicheisituation. Schon wenn ich meinen alten Fiat unten vor dem Hause einparkte, stellte meine Heidi das Essen in die Mikro, denn sie hatte da irgend einen sechsten oder sogar siebten Sinn. Aber heute war das Essen kalt, die Mikro stand gelangweilt herum und Heidi war nicht da.

Nachdem ich dann alle zwei Zimmer unserer Zweizimmerbehausung dreimal durchforstet, alle Schränke und Winkel nach Heidis Scherzversteck abgesucht hatte, setzte ich mich in meinen Fernsehsessel und steckte mir drei Zigaretten an. Natürlich habe ich auch unter der Dusche nachgesehen, aber da lief ja noch nicht einmal das Wasser aus dem Duschkopf auf ihren so supersexi-Körper.

Nach dem oben schon erwähnten dritten Klimmstengel und immer noch nichts im knurrenden Magen, schaltete ich die Flimmerkiste an. Vielleicht kam ja was in den Nachrichten über Heidi oder sie war in einer der vielen Talkshows, um mich per Bildschirm zu überraschen. Die Leute lassen sich ja heute immer verrücktere Dinge einfallen, um ihren Bauarbeiterschatz zu überraschen.

Ich zappte und zappte, aber nichts von ihr. Irgendwie muß dann der doppelte Verzweiflungswhisky meinen schon leicht vertränten Blick wieder geschärft haben. Auf der Flimmerkiste lehnte kaum zu übersehen ein beschriebenes Blatt Papier an der Nibbesfigur von Oma.

Die zwei Meter bis zum Zettel habe ich dann in einem Sprung aus dem Sitzen geschafft und dann wurden meine starken Männeraugen auch schon wieder feuchter:

Liebster Benno!

Hatte starke Bauchschmerzen und bin mit Krankenwagen Krankenhaus gebracht worden.

Bis bald   Heidi

Liebster – schon lange hatte sie mich nicht mehr so angesprochen, es sei denn Heidimaus hatte einen ganz bestimmten Einkaufswunsch.

Nun kam der Ausdruck – starke Bauchschmerzen -, welcher mich gleich an Magentotaloperation und Blinddarmentfernung unter Ausschluß der Öffentlichkeit denken ließ.

Dann das schlimmste – Krankenwagen - hoffentlich nicht mit Blaulicht, denn so war ja die ganze Nachbarschaft informiert und würde mich tagelang mit blöden Fragen nerven.

Und dann das makaberste zum guten Schluß – Krankenhaus -, wo sie doch auch zum Zahnarzt oder Friseur hätte fahren können. Aber Krankenhaus. Wo wir in unserer mittleren Großstadt bestimmt acht bis zehn mehr oder weniger Krankenhäuser hatten.

Ich wollte nun aber mit meiner erbärmlichen Männlichkeit doch nicht einfach nur so rumsitzen, während irgend eine Blut verschmierte Hand mit einem scharfen Skalpell im stark schmerzendem Bäuchlein meiner um Hilfe schreienden Heidi herumschnippelte.

Ich erinnerte mich nach einiger Zeit wieder, wie man ein Telephon zu bedienen hatte und das Telephonbuch hatte ich nach fünfzehn Minuten auch vor mir liegen.

A, C, H, K – Krankenhäuser – siehe unter Kliniken. Das Papier der Telephonbuchseiten drohte dank meiner schon sehr feuchten Finger aufzuweichen, dann hatte ich die Nummer des ersten Kandidaten meiner ganz persönlichen Quizshow gefunden.

Einige Male waren meine zitternden Finger etwas daneben geraten. Nach dem ich Frau Felgenbruch, die städtische Müllabfuhr und die Nachtbar „Rote Lola" belästigt hatte, fanden meine Bauarbeiterkloben doch noch das erste Krankenhaus.

„Hallo – hier ist das städtische Krankenhaus Wilhelminenstraße" :flötete es recht weiblich in mein sich an der Hörermuschel festgesaugtes rechtes Ohr.
„Wissen Sie ob meine liebe Frau bei Ihnen ist?"
„Wie ist denn der Name?"
„Meier, wie meine Frau, liebe Frau!"
„Wo soll sie denn liegen, Herr Meier?"
„Das wollte ich ja Sie fragen, Fräulein."
„Hier ist die Zentrale – was hat sie denn für Beschwerden?"
„Nach meiner Information – Bauchschmerzen!"
„Moment, ich verbinde sie mal mit der Inneren."
Klick. Elektronische Musik.
Ich die nächste Zigarette in meiner linken Hand. Der Hörer schien schon fast an das Ohr angewachsen zu sein.
Keine Musik mehr.
„Hier Innere Abteilung – Schwester Brunhilde."
„Ja ich wollte mal wissen, ob Sie Bauchweh haben. Ach Quatsch, ob meine Bauchweh habende Frau bei Ihnen liegt?"
„Wie heißt denn die liebe Frau?"
„Na so wie ich, gnädige Frau."
„Und wie ist bitte ihr werter Name, mein Herr?"
„ Na Meier."
„Einen Moment, ich sehe mal nach. (Pause für durchsuchen von 350 Akten) Ja wir haben hier eine Frau Maier, Hilde. Ist das ihre Frau, Herr Meier?"
„Nein, nein! Meine süße Maus heißt Heidi."
„ Was hat denn Ihre süße Maus, mein Herr?"
„Na Bauchweh. Das habe ich doch schon gesagt!"
„Beruhigen sie sich doch, Herr ....?"
„Meier, Meier,Meier!"
„Herr Meier. Entschuldigung. Ich verbinde sie da mal mit unserer Urologie. Bitte etwas Geduld."
Klick. Wieder tolle Popmusik und ich verschaffte mir schnell mit einem neuen Klimmstengel etwas von der notwendigen Geduld.
Keine Musik mehr. Schade.
„Urologie – Doktor Strulli."

„Ich wollte, daß meine Frau bei Ihnen liegt. Nein! Ich wollte wissen, ob sie das bei Ihnen macht!"

„Wie ist denn der werte Name ihrer Gattin?"

„Heidimaus!"

„Schön – und der Mausinachname?"

„Wie ich – Meier – großes M und kleine eier, ha, ha, ha,ha!"

„Moment bitte Herr M wie eier." Kleine Pause, um Zigarette auszudrücken.

„Ja wir haben hier eine Frau Mayer, aber die nennt sich leider nicht Heidimaus, Herr Meier. Was hat denn die Maus?"

„Bauchweh, Bauchweh. Starkes Bauchweh!"

„Ganz ruhig Herr ....?"

„Meier. Meeeiiiiieeeerrrrr!"

„Gut, gut Herr Meier. Ich verbinde sie dann mal mit der Chirugischen."

Klick. Keine Musik. So eine seltsame Totenstille im Hörer. Ein winziger Schluck aus der neben mir noch halb voll stehenden Whiskyflasche.

Endlich. Nach zwei weiteren kleinen Schlucks ist die tödliche Stille zu Ende.

„Hier chirurgische Abteilung – Oberschwester Isolde – was haben sie denn?"

„Ich nichts, aber meine Frau muß bei Ihnen rumliegen!"

„Wie nennt sich denn die werte Gattin?"

„Die werte Gattin nennt sich Mausi – Meier!"

„Wie bitte? Wiederholen sie das doch bitte noch einmal das erste, mein Herr."

„Mausi!"

„Mausi?! Mausi!? – Haben wir hier nicht."

„Ich meine doch Meier – Mausi hat sie doch nur von mir. Gott verdammich!"

„Ach Meier? Moment bitte, ich schau mal nach."

Kein Klick und keine Musik. Auch keine Totenstille – im Hintergrund gräßliche Schmerzensschreie. Heidi – hoffentlich ist das nicht meine Maus. Eiskalt läuft es mir den Rücken runter und nur ein herzhafter Schluck aus meiner Trostflasche wärmt mich wieder auf.

„Wir haben hier eine Frau Meyer, Elfriede. Sie hat Darmverschlingung."

Mein Gott – ging es mir durch den Kopf – was man doch alles kriegen kann.

„Nein Schwesterchen. Das ist nicht meine Mausi. Die heißt Heidi."

„Was hatte ihre Mausi denn noch mal?"

„Bauchweh, liebste, so wie ich nun auch schon etwas habe!"

„Na dann verbinde ich sie mal gleich mit der Inneren."

Ich war Gott sei dank schneller als das Klick.

„Halt! Nicht verbinden! Da war ich doch schon!"

„Und in der Urologie?"

„Um Gotteswillen! Da liegt sie doch auch nicht!"

„Na dann weiß ich aber auch nicht so richtig Herr ....?"

„Meier. Ganz einfach nur Meier."

„Herr Meier? Wie lange sind sie denn schon verheiratet?"

„Als ob das ihnen etwas angeht. Ich suche doch nur meine Heidimaus."

„Entschuldigung, Herr Meier. Ich will ihnen doch wirklich nur helfen."

„Nun gut – wir sind jetzt drei Jahre verheiratet."

„Warten sie mal, Herr Meier. Ich habe da einen Gedanken."

Klick. Musik. Whisky

„Hallo? Hallo? Wer ist denn dran?"

„Hier ist Meier. Ich suche meine liebe Frau! (Tränen in den Männeraugen) Liebe Frau, können Sie mir helfen? Bitte!"

„Erstens ist hier Doktor Schabelnur und zweitens beruhigen sie sich erst einmal."

Pause um mich zu beruhigen.

„Wie heißt denn ihre liebe Frau noch mal?"

Ganz ruhig.

„Mei, Mei, Mei, Meier, Herr Doktor!"

„Meier? Und wie ist der Vorname der lieben Gattin?"

„Heidi. Heidimaus!"

„Moment bitte Herr Meier. Ich schau mal ob wir eine Heidimaus hier in der Gynologie haben."

Unendlich lange Pause. Und wie hieß das da noch – Gimiklogi?

„Herr Meier?"

„Ja!"

„Ihre Frau hat vor einer halben Stunde einen strammen Jungen geboren. Herzlichen Glückwunsch!"

Klick. Keine Musik, weil ich mit zitternder Hand mein rechtes Ohr fast operativ vom Telephonhörer befreit hatte. Da hatte ich aber Schwein gehabt, daß ich gleich beim ersten Versuch das richtige Krankenhaus erwischt habe, denn mein Gespräch hatte fast dreißig Minuten gedauert. Aber wieso entbunden? Wo meine Maus doch erst in zwei Wochen so weit gewesen wäre!

Der Harem tobt

Draußen war es dunkel wie in einem Katzenar....... Nur manchmal schien ab und zu ein Licht in diese Finsternis. Der gerade wieder mal auf Diät gesetzte Erdtrabant zeigte hin und wieder sein fahles Leuchten durch die im Dunkeln wie Regenwolken anmutende, eigentlich bei Tageslicht perlweißen Waschküchendampfgebilde.

In der Ferne heulte ein einsamer Hund oder eine noch einsamere Hündin. So genau konnte man das leider nicht heraus hören, es konnte ja auch ein schwuler Hund sein, der dann wie eine Hündin klingen würde oder es wäre ein zur Hündin umgebauter Hund. Das wäre noch viel schlechter zu analysieren.

Alle anderen Lebewesen schienen am Tag sich total verausgabt zu haben, denn von der ganzen Vögelei hörte man überhaupt keine Pipser, geschweige denn ein Gesangsgeschwitscher. Alle Federträger waren todmüde in ihre Nester gefallen und hatten überhaupt keinen Bock mehr auf irgend eine Nachtmusik. Nur einige von dieser gefiederten Rasse, nämlich die, welche den ganzen Tag verpennten, trieben sich nun nachts putzmunter in irgend welchen finsteren Ecken herum. So etwas soll es ja auch bei den Nachfolgern der Neandertaler geben.

Sogar einige Chlorophyllträger klappten zu dieser Zeit ihre Blüten zu und harrten der Dinge welche der nächste Tag so bringen würde.

In der Wohnanlage für menschliche Erdenbürger war man in einigen Behausungen bei einem künstlichen Dämmerlicht noch am werkeln, was man aber bestimmt nicht mit Arbeit bezeichnen konnte.

Das sollte ja Spaß machen, denn wenn das werkeln in Arbeit ausarten würde, gäbe es schlagartig eine niedrigere Geburtenrate.

Es war also Nacht. Finstere und eigentlich recht ruhige Nacht.

Außerhalb des Dorfes, wie im Volksmund die werkelnde schwach beleuchtete Ansiedlung der Menschen genannt wurde, war aber etwas im Gange. Weit ab vom Schuß lag im nächtlichem Dunkeln eine einsame, auch leicht beleuchtete, von arbeitswütigen Menschen gebaute Behausung. Nur hausten hier keine Menschen, sondern einige tausend stramme Hühnerladys. Seltsamerweise gab es zwischen denen, obwohl es doch so viele wahren, kaum einen Knatsch oder größere Probleme, was man ja bei der weiblichen Menschlichkeit schon bei mehr als drei des gleichen Geschlechts nicht gerade behaupten kann. Zum Werkeln in der leicht nächtlichen Beleuchtung fehlten den Hühnern leider die männlichen Partner und so trieben es nur ein paar wenige lesbische Eierleger in einer Ecke ganz still und heimlich. Etwas hatte die Gemeinschaft von friedlich miteinander lebenden Hühnerladys aber durcheinander gebracht. Gesprächsstoff gab es trotz ihres recht verschlossenen Lebensraumes seltsamerweise genug. Ständig war man sich am unterhalten und nur wenige Stunden in der Nacht war etwas Ruhe auf den bekleckerten Sitzstangen. Aber seit vier Nächten war auch diese Ruhe dahin. Heftige, kontroverse Diskussionen ließen sogar schon mal die eine oder andere Feder fliegen.

„Das kann nicht mehr so weiter gehen!" :schrie Bellinda, eine der im Moment ältesten ansässigen Superhennen. Fast einstimmig pflichteten alle anderen ihr bei. Nur einige Lesben waren wie immer in der Ecke abseits am werkeln und ließen sich zumindestens für einige Zeit nicht stören.

Bellinda war schon etwas länger als die meisten anderen in der Hühnerhinternaufreißbehausung. Immer wieder hatte sie mit ihrem süßen Blick den Tommy, wie der Chef ganz erotisch von allen genannt wurde, verzaubern können und war somit schon einige Male vom Sprung in den Kochtopf davon gekommen.

Alle mehr oder weniger gefiederten Ladys waren sich darin einig – es konnte so nicht mehr weiter gehen. Bloß uneinig waren sie sich, wie man etwas ändern könnte.

Bis vor zwei Wochen war alles wie jeden Tag. Tommy war früh morgens wie immer gut gelaunt und arbeitsam erschienen. Ein fröhliches Lied auf den zum Pfeifen gespitzten Männerlippen und vor allen Dingen ausgeschlafen voll bei der Sache. Es gab frisches Wasser, herrliches Futter und der leider nicht zu verhindernde Hühnerkot war auch bald komplett beseitigt. Blitzsauber waren dann die Ruheplätze und der Spaziergangauslauf. Auch hatte Tommy immer ein paar nette und lobende Worte für seine fleißigen Ladys übrig, was natürlich in allgemeinem Männermangel ganz besonders heiß durch die gespitzten Ohren der Eierleger floß.

Tommy wurde von allen wie ein strammer Pascha angesehen. Auch Hühner sind nun mal weibliche Wesen und können eine noch unerforschte, aber vorhandene Sexlust und erotische Bedürfnisse entwickeln.

Schon lange bevor Tommy regelmäßig zur immer fast gleichen Zeit erschien, waren die Ladys schon putzmunter und legten sich mangels an notwendigen Spiegeln gegenseitig die wenigen Federn zurecht, nur um ein wenig Eindruck bei ihrem Herrchen zu hinterlassen. Natürlich wußten alle, daß nicht jede am Morgen ihre Streicheleinheiten von Tommy bekamen, aber sie hatten da schon vorgesorgt. Ein ausgeklügelter Plan und gegenseitiges Verständnis sollten tagtäglich bis dato ein paar andere Damen in die Nähe vom Pascha bringen und Tommy vergaß wirklich nie, ein paar von ihnen allmorgentlich liebevoll über die Federn zu streicheln.

Als Dank für diese menschliche Wärme preßten die Ladys immer ganz besonders oft ihre Schließmuskeln und taten somit natürlich auch etwas Gutes für ihren Tommy.

Dann aber brach es über die Hühnerladys herein.

Wie immer putzten sie sich in der früh gegenseitig und erwarteten in Geduld und Schönheit ihren Pascha. Die Zeit verrann und tausend Hühnermägen fingen schon fast im Chor an zu knurren. Die Trinkgefäße waren auch total ausgesoffen und eine allgemeine Panik machte sich unter den Eierlegern breit.

Sollte ihren Tommy etwas schreckliches zugestoßen sein?

Ein Kerl von einem Baum kriegt ja nicht gleich jeden Schnupfen und ihr Hühnerboss war ja auch sonst die Gesundheit in Person. Also blieb nur noch ein tödlicher Autounfall oder ein Attentat auf Tommy.

Aufgeregt fingen alle an, sich gegenseitig verrückt zu machen und sogar gewisse Schuldzuweisungen machten bald die Runde. Vielleicht hatte die eine oder andere in der letzten Zeit etwas zu wenig für das Wohl ihres Bosses getan und lieber vor sich hingedöst, als ihre Pflichtmenge abzudrücken und der gute Tommy stand kurz vor der Pleite.

Vielleicht lag er sturzbesoffen vor Kummer in einem schlammigen Straßengraben oder wahr gerade dabei sich die 8 mm Pistole an die Stirn zu setzen.

Die Zeit verging und der Körnerhunger war fast nicht mehr auszuhalten.

Dann endlich tauchte er arg verspätet auf. Ringe unter den Augen und recht weiche Knie. Das Füttern ging auf Grund der kraftlosen Arme auch recht schleppend voran und von den wichtigen Streicheleinheiten ganz zu schweigen. Die fielen nämlich komplett aus.

Nach einer Woche immer im gleichen miserablen Ablauf war man in der Hühnerschaft schon recht deprimiert und sechs der besonders in Tommy vernarrten Hennen hatten sich schon durch Hungerstreik selbst in den Suppentopf befördert. Der Herrscher über Tausenden von herrlichen Weibchen war nicht mehr er selbst und jede einzelne Henne trug ihren Schmerz für sich.

Dann am achten Tag der seltsamen Krankheit von Tommy sollte es endlich an den Hühnertag kommen.

„Bettinchen, das sind sie." :stolz zeigte Tommy seine Weibchen und seine Augen leuchteten fast heller als die Hühnerhausinnenbeleuchtung.

Einige Tausend Augenpaare über spitzen Schnäbeln sahen sie. Die Ursache für die schlechte Behandlung in den letzten Tagen. Ein einziger böser Funke aus unzähligen Hühnerblicken mit einer Spannung von Tausenden von Volt flog unsichtbar der weiblichen Person an Tommys Seite entgegen.

Allen Hühnerweibern war sofort geschlossen klar – das kann nicht gut gehen!
Jede Nacht wurden neue Pläne gegen diese weibliche Bedrohung in Form von „Bettinchen" geschmiedet.
Da war die Rede von Massenselbstmord, Eierverweigerung bis hin zum geschlossenen Schnabelhieb als Mordwaffe.
„Das kann nicht mehr so weiter gehen." :machte sich nun wieder Bellinda bemerkbar und nach einer weiteren Woche der akuten Vernachlässigung waren sich endlich alle einig.
Beim nächsten Besuch von dieser „Bettinchen" sollte angegriffen werden.
Dann war es soweit. Tommy kam am Nachmittag, um die Hühnerhinternpressergebnisse abzuholen und die Rivalin der Tausend Hühnerweibchen half ihm dabei.
Es sollte aber ganz anders kommen.
„Bettinchen" betrat ganz allein die Hühnerarena und dann spürten die total verstörten Hennen plötzlich eine zärtliche weibliche Hand auf ihrem dürftigen Hühnerkleid.
Mußten sie nun alle lesbisch werden, um mit „Bettinchen" leben zu können?
Nach einigen leicht beleuchteten Nächten und heftigen Diskussionen waren sie sich dann endlich einig geworden.
Man würde sie ertragen, obwohl die starke Männerhand doch um einiges erotischer gewesen war.
Und wenn sie nicht geschlachtet sind, dann schwärmen sie noch heute von einer männlichen Hand.

Der Kampf mit Papier und Leim

Wir sind wie so viele andere Mitbürger auf diesem Planeten eine ganz normale Familie mit einem ganz normalen Durchschnittshaushalt. Nun gehen die Meinungen über diesen Durchschnitt bekanntlich immer noch stark auseinander. So möchte ich hier kurz und bündig unseren ganz persönlichen Durchschnitt für alle einmal verständlich machen. Wir haben da einen Vater mit einem durchschnittlichen Job, eine Mutter mit durchschnittlichem Aussehen und wir haben da zwei reizende Söhne. Die beiden machen uns auch kaum mehr Ärger und Freude, wie es auch andere reizende Söhne so zu tun pflegen.

Wir haben eine vier Zimmerwohnung mit dem dazu gehörigen Körperschmutzentfernungsraum, kurz Bad genannt und einen Arbeitsbereich für die liebe Frau, Mutter und Hausfrau, kurz als Küche betitelt. In dieser werde ich immer wieder zu meiner Person stark erniedrigenden Tätigkeiten wie Geschirr spülen, Kartoffeln schälen und Mülleimer entfernen herangezogen.

Es gehört dann auch noch unser Pudel Arno dazu, der ja eigentlich ein Dackel ist. Nach geschickter Fälschung der Hundepapiere glaubt nun auch Arno, daß er ein Pudel ist (macht ja einen besseren Eindruck). Weiterhin besitzen wir in gemeinsamer Benutzung einige diverse Zubehörteile, welche ich mit dem Sammelbegriff Möbel zusammen fassen möchte. Auch ein riesiger Glasbehälter mit einem unübersehbaren Inhalt von Wasser, Pflanzen und drei winzigen Fischen gehören zu unserem Durchschnitt. Natürlich haben wir davon Abstand genommen, den drei winzigen Fischen im Aquarium auch noch einen Namen zu geben, denn die können uns durch die dicken Glasscheiben ja sowieso nicht hören.

Nun sollte diese ganz normale Durchschnittsfamilie von einem Ereignis stark in Mitleidenschaft gezogen werden. Es fing alles aber ganz harmlos an.

Meine liebe Frau hatte, wie schon in alter Regelmäßigkeit, eine wundervolle und unumstößliche Idee. Sie wollte die fünf verschieden großen Bilder, welche auch zu unserem Durchschnitt gehörten, aus rein optischen Gründen nur mal etwas umhängen. Beim Abnehmen des ersten Bildes von der Wand schallte ein kurzer, aber unüberhörbarer Schrei seitens meiner Gattin bis in den Keller, in dem ich mich gerade in stiller Meditation und mit ein paar Bierchen aufhielt.

Als ich vor Ort war, sah ich mein holdes Weib genauso weiß im Gesicht, wie der viereckige Fleck vor ihr an der Wand. Als ich dann hilfreich alle vier weiteren Ölgemälde von ihrem Untergrund und seit vielen Jahren angestandenen Platz entfernt hatte, war ein reizendes Muster aus fünf weißen Vierecken in leicht gelblichen Untergrund entstanden.

„Das hast du nun von deiner ewigen Qualmerei!" :schrie schon wieder recht hysterisch meine liebe Ehehälfte. Sie meinte damit sicherlich meine Vernichtung von zwei bis drei Päckchens Tabak mittels Tabakpfeife und meiner Lunge pro Woche. Mir gefielen, im Gegensatz zu dem mir gegenüberstehenden hochroten Köpfchen, diese neuen Muster auf der leicht vergilbt erscheinenden Tapete.

Dann platzten diese verhängnisvollen Worte aus dem sonst so zartem Mündchen der immer Recht habenden Hausfrau heraus: „Wir müssen wieder einmal renovieren!!"

Ich schaute vorsichtshalber erst einmal im Wörterbuch nach dem Wort „renovieren", ob es nicht etwas versautes war. Unsere beiden minderjährigen Söhne hatten ja auch alles mitbekommen, zumindestens die lauten Passagen. Als ich dann dank Wörterbuch wußte, was das weibliche Oberhaupt der Familie meinte, bekam ich schlagartig Schüttelfrost und meine sämtlichen Körperhaare standen senkrecht auf ihrem Untergrund. Mein letzter Renovierungsversuch vor sechs Jahren hatte mir eine halbjährige Sonderbehandlung bei einem Nervendoktor eingebracht.

Nachdem ich drei Wochen lang vergeblich nach einem preiswerten Tapetenfachmann gesucht hatte, besuchte ich kurzerhand einen Kurzlehrgang für Haus- und Heimhandwerker und hatte mir nach zwei Wochen dann endlich meiner Meinung nach die notwendigen Kleisterkenntnisse angeeignet. Nun sollte es ernst werden.

Mein allerliebstes und fachlich recht bewandertes Schnuckelchen hatte in der Zwischenzeit schon diverses Zubehör für unser großes Unternehmen angeschafft. Wir waren jetzt im Besitz von 21 Packungen Tapetenleim und 35 Rollen schönster Mustertapete zum Großabnehmerrestpostensonderpreis gekommen. Meine Frau war eben die kleverste Einkäuferin aller Zeiten. Sie war der Meinung, wir könnten damit gerade hinkommen.

Ich hatte mich auf Grund meiner mittlerweilen angeeigneten Spitzenausbildung mit dem nötigen Spezialwerkzeug versorgt und war nun im Besitz von drei Malerbürsten, diverser Tapetenscheren, Zollstöcken und einer Leiter, bei der nur die oberste Sprosse fehlte. Die brauche man sowieso nicht – hat mir der Fachverkäufer mitgeteilt und mir auch zehn Deutsche Mark Rabat eingeräumt. Warum baut man aber Leitern mit oberster Sprosse, wenn diese sowieso nicht benötigt wird? Diese Frage werde ich wahrscheinlich mit ins Grab nehmen. Diverse Eimer und andere Behältnisse für den flüssigen Arbeitsgang hatten wir in unserer Durchschnittsfamilie daheim.

Nun konnte es zur Sache gehen.

Meine ganze Familie, einschließlich der Junioren begannen in mühevoller Kleinarbeit sämtlichen Inhalt der Schränke in die anderen Räume der Wohnung zu verteilen. Nach eineinhalb Tagen hatten wir es geschafft. In den nicht zu malernden Räumen herrschte schon ein wahres Chaos von Büchern, Wäsche, Porzellan und anderem unsinnigen Kleinkram, von dem man trotz der Unwichtigkeit dieser Sachen sich aber niemals davon trennen kann.

Danach wurden die kleineren Möbelstücke dank unserer vorhandenen Durchschnittsmuskelkraft in den noch verbleibenden Freiraum der vorhin erwähnten Zimmer transportiert. Die größeren Teile der Schrankwand wurden dann mittels der Anstrengung aller Familienmitglieder und unter heftigen Schweißausbrüchen in die Mitte des nun fast leeren Zimmers bewegt.

Dann begannen wir in mühseliger Stückarbeit die alte Tapete zu entfernen, denn so hatte ich es auf der

Heimmeisterausbildung gelernt. Nach fünf Minuten verschwanden unsere beiden Söhne mit fadenscheinigen, aber nicht zu widerlegenden Ausreden und auch meine Ehehälfte ließ mich kurz darauf mit meiner Fachausbildung als Tapetenkratzer allein. Mit der nach unzähligen Stunden abgekratzten Menge alter Tapete füllte ich dann heimlich in der Nacht die Mülltonnen der umliegenden drei Häuserblocks randvoll. Gegen 01.00 Uhr morgens sah dann unser Wohnzimmer völlig nackt und bloß aus, so nackt und bloß wie es einmal von irgend jemand geschaffen wurde. Ich fiel nach acht Bier und zwei doppelten Schnäpschen wie ein Toter in die Federn und versuchte das laute Schnarchen an meiner Seite elegant zu überhören.

Morgen sollte es nun wirklich ernst werden. Ich hatte auf Grund meines Heimwerkerlehrgangs und nach Bedienungsanleitung die Deckenfarbe vorbereitet. Dann sollte endlich der erste Farbrollerstrich auf der vergilbten Decke für neue Harmonie in unserer Ehe und Familie sorgen. Nach zehn Minuten rollen wußte ich, das ist ja alles kinderleicht. Nach knapp vier Stunden strahlte unsere Wohnzimmerdecke und mein ganzer Körper im dezenten ockerbraun.

Meine liebste Frau fiel bei meinem Anblick erst einmal in eine durchschnittliche Ohnmacht, da sie mich auf dem ersten Blick als ein hellbraunes außerirdisches Monster angesehen hatte. Die Waschmaschine und die Dusche überzeugten sie aber dann doch noch von dem Gegenteil. Ich stärkte mich nach der kompletten Körperreinigung mit einem guten und von mir schwer verdienten Handwerkerfrühstück und die liebe Gattin kam wahrscheinlich auf Grund des hervorragenden Kaffeeduftes auch wieder auf ihre Strümpfe. Als sie dann meinen sauberen Körper als Mensch und die neue Wohnzimmerdecke als gut akzeptiert hatte, nahm alles wieder seinen gewohnten Gang.

Nur schien es ihr aber doch noch zu stören, daß wir nach den Malern auch noch einen neuen Teppichboden verlegen mußten. Der ließ sich leider nicht in die Waschmaschine oder unter die Dusche befördern und hatte seine herrlichen Muster gegen den gleichen Farbton wie die Zimmerdecke eingetauscht. Ich hatte trotz umfassender Ausbildung lediglich vergessen, den kostbaren und gerade mal zwei Jahre alten Teppichboden mit irgendetwas vor der herunterkleckernden Farbe zu schützen.

Nach dem leicht gekürzten Handwerkerfrühstück und einer etwas längeren Diskussion mit meiner wieder leicht verstörten Ehefrau, ob wir den Teppich nun liegen lassen oder ob ich die nächsten zwei Jahre auf den Besuch meines Fußballclubs verzichten sollte, ging es dann an die Wände.

Ich begann zu Anfang natürlich mit dem Zuschneiden der gut gemusterten Tapete auf dem ausgeliehenen Tapeziertisch. Ehe ich aber das System des recht komplizierten Musters auf der Tapete durchschaut hatte, waren schon fünf Rollen der Gott sei Dank vom vorausschauenden Frauchen in ausreichender Menge gekauften Kostbarkeit total verschnitten und wir konnten es den beiden Jungen später dann als Bemalpapier zur Verfügung stellen. Ich nahm nach einigen verzweifelten Blicken vom weiblichen Haushaltsvorstand aber alle meine verbliebenen Gedanken zusammen und es gelang mir den Code des Tapetenmusters zu knacken.

Ich hatte es geschafft und die so vorbereiteten Papierbahnen lauerten fein säuberlich übereinander liegen auf ihren neuen Platz senkrecht und klebend auf unseren vier Wohnzimmerwänden. Der nun schon seit Stunden gequollene Tapetenleim wartete in der fast randvollen Badewanne auf seine zur Verarbeitung notwendigen Verdünnung.

Ich hatte mir den Oberleitspruch für Tapetenverarbeiter vom Lehrgang gut eingeprägt – lieber etwas mehr, als dann irgend etwas fehlt. Nachdem ich dann nun endlich die erste zu Oberst liegende Tapetenbahn „satt" eingestrichen hatte, durchflutete ein herrlicher Wonneschauer den Körper des Könners. Ich erstieg die Leiter mit der ersten Bahn in dem gelehrten Griff und oben hatte ich dann aber nur noch zwei kleine Stücke zwischen den feuchten, klebrigen Fingern. Der Rest lag mit einigen Atersfalten recht unglücklich aussehend auf dem immer noch versauten Teppichboden.

Nun gut – dachte ich und versuchte dem immer noch anwesenden kritischen Blick der Weiblichkeit geschickt auszuweichen. Gott sei Dank hatte sie kein Wort darüber verloren. Sie dachte vielleicht, das muß schon so sein. Aber ich war stark – sehr willensstark und schon bald bewegten sich meine schon leicht gummiartigen Männerbeine mit einer neuen „satt" eingekleisterten Bahn in Richtung Leiter. Stufe für Stufe wurde freihändig erklommen und das Papier schien nun von besserer Qualität zu sein – es hielt. Es fehlten nur noch wenige Zentimeter und ich konnte die erste feuchte Tapete mit der sich nach ihr sehnenden Wand in Verbindung bringen.

Nachdem meine Frau dann den Krankenwagen und Notarzt gerufen hatte, war ich mit einem gut verpackten Gipsbein für zirka sechs Wochen von jeder Leiterkletterei ärztlicherseits befreit worden.

Ob ich nun auf Grund meiner weichen Knie oder in meiner Euphorie übersehen fehlenden obersten Sprosse meine fachmännischen Fähigkeiten nun doch nicht mehr unter Beweis stellen konnte – ich werde es nie herausbekommen. Wir ließen den Rest der vier Wände dann doch noch von einem teuren Fachmann bekleben und die Bilder hingen anschließend wieder an genau den gleichen Stellen, wie vor dem ganzen Abenteuer.

Der verdammte Sprit

Vor drei Wochen war ich nun endlich glücklicher Besitzer eines schönen, weinroten und nagelneuen Autos geworden. Bis dahin hatte ich ohne solch eine Gefährt für jeden normalen Mitteleuropäer gelebt und war die fünf Minuten bis zu meiner Firma sogar ohne öffentliche Verkehrsmittel gekommen. In Urlaub sind wir vier, d.h. meine Familie immer mit dem Fahrrad oder der guten alten Eisenbahn gekommen. Dafür war diese Einrichtung ja schließlich da. Wenn ich mich dunkel erinnere war die Dampfmaschine und somit die Eisenbahn ja auch vor den Millionen Autos über unseren Planeten gedampft. Auch habe ich nie so richtig verstanden, warum man ein Auto brauchte. Vielleicht um die nun mal sogar schon vor der Dampfmaschine dagewesenen Straßen endlich mit irgend etwas durch draufstellen optimal nutzen zu können. Nach meiner Lebenserfahrung hatte meine liebe Monika früher immer einige Probleme mit dem Kinderwagen spazieren zu gehen. Entweder mußte sie den von Autos freigelassenen Teil der Straße benutzen oder wir hätten uns eine Spezialanfertigung für Kinderwagen besorgen müssen, um die, durch die Tag und Nacht abgestellten Blechkarossen stark geschmälerten Fußwege benutzen zu können.
Nun gut. Ich wollte mich nun endlich nicht mehr von allen Nachbarn, Freunden, Verwandten und sogar Arbeitskollegen diskriminieren lassen. Ich wollte ganz einfach zu den Millionen Autoabstellern gehören und aus meinem Schattenleben als Fußgänger endlich ausbrechen. Sogar meine liebe Monika fing nach neuen Jahren Ehe plötzlich an, an meiner Männlichkeit zu zweifeln, weil wir immer noch nicht solch eine Blechzweitwohnung besaßen.
Beim zweiten Mal hatte ich zurück gebliebener Erdenmann sogar die auch noch notwendige Fahrerlaubnis erhalten, bloß fürs Fahrrad fahren hätte ich diese teure Anschaffung nie gebraucht. Also mußte endlich auch ein Auto her.

Wie schon oben erwähnt, hatte ich nun endlich dieses weinrote und es paßte sogar gerade noch in die letzte, noch freie Lücke vor unserem Mehrfamilienhaus.

Ich hatte es sogar schon achtmal mit Eimer und Wasser vor unserem Haus gewaschen und den Zündschlüssel mehrere Male in das dafür vorgesehene Zündschloß gesteckt. Der Wagen war, wie bei allen Besitzern dieser überflüssigen Anschaffung, auch bald schon mein ganzer Stolz. Meine Monika und die beiden Buben durften auch schon dreimal ganz vorsichtig darin Platz nehmen.

Monika hat danach aber immer sofort mit dem eigens dafür angeschafften Akkustaubsauger alles wieder innen sauber gemacht.

So blitzte und funkelte es weinrot vor unserem Haus und die vier Reifenprofile hatten sich auch erst drei Kilometer abgenutzt – auf dem Weg vom Autohändler zu uns.

Natürlich hatte mir der Händler alle Bedienelemente, Hebel und Knöpfe gezeigt und erklärt. Ist doch jedes Auto schließlich ein Einzelstück und somit auch anders ausgestattet. Man kann also nicht unterwegs einen anderen Individualisten fragen, wo das und wo das ist. Jeder ist in seinem eigenen weinroten eben ein Spezialist.

So hatte ich in nächtelangem Studium die mitgegebene Bedienungs- und Wartungsanleitung fast schon auswendig gelernt. Laut Buch wußte ich bald genau wo die Kerzen, die Lichtmaschine und der Auspuff saßen, wieviel PS er hatte und wieviel Superbenzin er auf hundert Kilometer verbrauchte.

Dann aber war es soweit.

Am kommenden Sonntag wollten wir auf eindrücklichen Drängeln meiner Monika den ersten Familienausflug mit ihm machen.

Aber ich fand am Morgen dieser Jungfernfahrt nirgends meine wichtige und zum Auto ganz persönlich dazugehörige Bedienungsanleitung. Wahrscheinlich habe ich sie ja nur, wie auch schon alle anderen Bedienungsanleitungen unseres Haushaltes, irgendwohin verlegt.

Also machte ich gegen 05.30 Uhr am Sonntagmorgen mutterseelenallein erst noch einmal ein paar Trockenübungen

mit unserem weinroten. Als meine Moni den Frühstückstisch
dann gedeckt und die beiden Jungen ihre Cornflakes herunter
geschlungen hatten, war ich im schalten, kuppeln und lenken
theoretisch wieder auf dem Stand der Fahrprüfung.
Meine Monika hatte für unseren Ausflug extra einen
überdimensionalen, speziell für Autos hergestellten
Picknickkorb gekauft. Auf einen Fahrradgepäckträger hätte
der niemals gepaßt. Der paßte, nach dem unsere beiden
Jungen hinten Platz genommen hatten, aber auch nicht mehr
mit hinein.
„Wir können ihn doch in den Kofferraum stellen, mein
Schatz."
Diesen Ausdruck von Monika hatte ich bestimmt schon mal
irgendwo gehört oder gelesen. Ich erinnerte mich dunkel. Nun
hatte unser weinroter sogar zwei von diesen Räumen. Vorn
und hinten, aber ich fand nirgends ein Schloß oder einen Griff
zu öffnen.
Von einer letzten Fahrt im Wagen eines Bekannten fiel mir
ein, daß der immer einen Hebel im inneren seines Autos
benutze, um seinen Kofferraum zu öffnen.
So benutzte ich auch einige Hebel im Inneren.
Nach dem ich die Hupe, den Blinker, den Scheibenwischer
und das Licht gefunden hatte, schaltete ich ausversehen das
Radio ein. Mit Musik geht ja alles besser, dachte ich. Und es
ging.
Ich fand die Handbremse, die Warnblinkanlage und die
Lüftungsbedienung. Paulchen, was unser sechsjähriger Sproß
ist guckte schon eine Weile interessiert durch die offene
Fahrertür und zog mit seiner Kinderhand dann unter dem
Armaturenbrett an einem Hebel. Vorn tat sich etwas.
„Benno, komm raus. Ich glaub hier vorn geht es auf." :freute
sich nach einer halben Stunde meine Monika. Ich schaute und
nach zehn Minuten weiterer Untersuchungen und mit
logischem männlichen Verstand fand ich endlich vorn einen
zweiten gut versteckten Hebel und der Kofferraum war
endlich offen.
Aber Schei..... Er war schon voll. Der Motor war darin
verstaut.

Also wieder ins weinrote und weitergesucht, denn wir hatten ja noch hinten eine aufgehen müssende Klappe. Wieder kniete mein Paulchen neben der Fahrertür und guckte mir wißbegierig zu. Seine kleine Hand hatte nach zehn Minuten aber wieder zufällig mehr Glück als meine und endlich ging es hinten auf. Links ganz unten neben mir fanden Pauls Händchen den notwendigen Hebel.

Warum man diese wichtigen Hebel auch so blöd versteckt anbringen mußte, werde ich wohl nie erfahren. Also verschwand nun der große Picknickkorb in dem nun zu meiner Überraschung doch leeren Kofferraum (er hatte ja schließlich Platz für einen Ersatzmotor). Beim Schließen der nun gefüllten Klappe fiel meiner Monika ein unscheinbares und wieder recht gut verstecktes Loch dicht unter dem Nummernschild auf. Ein Schlüsselloch.

Nun war nach fast zwei Stunden alles endlich verstaut. Der Picknickkorb, meine Monika, die Jungen und ich.

Nach nur wenigen Minuten und etwas durcheinander geratenen Gehirn hatte ich dann das notwendige Zündschloß mit dem dazugehörigen Zündschlüssel betätigt und auf Grund meiner guten Ausbildung waren wir dann zwar ab und zu etwas stotterig, aber immerhin schon drei Straßen weiter gekommen.

Plötzlich stotterte nicht ich, sondern der Wagen von ganz allein und blieb dann mit ausgeschaltetem Motor mitten auf einer Ampelkreuzung stehen. Meine Familie schien das auch noch lustig zu finden, denn alle drei lachten so komisch.

Ich zündete einige Male vergeblich und dann stand plötzlich wie vom Himmel gefallen ein hilfsbereiter Polizist mit hochrotem Kopf neben der Fahrertür und er fuchtelte recht wild mit seinen grünen Armen herum.

„Mann, was ist los? Sie blockieren die ganze Kreuzung."

„Entschuldigen Sie, Herr Major, aber ich weiß nicht was er hat. Der ist doch noch nagelneu."

Flehend sah ich dem Freund und Helfer ins rote Antlitz.

„Starten Sie doch noch mal." :half der gute Mann mir mit weisen Worten.

Ich startete – ich startete wie der Pilot einer Boing 707, aber es blieb wie es ist.

„Haben Sie überhaupt genug Sprit im Tank, Mann?"
Ich hatte es ehrlich gesagt nicht, weil ich ja der Meinung war, er fährt mit Superbenzin und nicht mit Sprit.

Nachdem der immer noch hochrote grüne Polizist sich noch einige Verstärkung angefordert hatte, fanden wir uns ganz ohne Sprit von der Kreuzung runter an der Straßenkante wieder und meine Geldbörse war um vierzig Mark Bußgeld leichter geworden.

Nun wollte ich dem Übel aber auf seinen Grund gehen und nach dem Supersprit sehen. Die mir aus meinem Buch und Erinnerung bekannte Spritanzeige zeigte mir tatsächlich schon etwas rot drohend den leeren Tank an.

Nun wußte ich von Harry, was ein guter Freund von mir war und einen mittleren LKW fuhr, das dieses Spritbehältnis gut zugänglich und mit einem leicht zu öffnenden Schraubverschluß vorhanden sein mußte. Nach drei Runden um unseren weinroten herum und verzweifelten Blicken unter ihn, in den nun auch wieder aufgehenden Kofferraum und der Motorhaube, blickte ich in die drei, schon etwas verweinte Gesichter meiner Familie.

Vielleicht war das ja ein Versuchsmodell – ging es mir nun doch schon recht wirr durch den Kopf.

Kurz entschlossen sprach ich dann den nun wieder nur noch grünen Polizisten an der Kreuzung wegen meines Problems an und dieser zog den Entzug meiner blütenweißen Fahrerlaubnis sofort in Erwägung. Er half dann aber doch noch wieder leicht gerötet und nach zehn Minuten zeigte der schlaue Mann mir eine unscheinbare kleine Klappe am linken hinteren Kotflügel.

Nach einer Stunde war ich dann wieder mit einem frisch an der nächst liegenden Tankstelle erstandenen Kraftstoffbehälter mit zehn Liter Spritinhalt zurück, fand auch gleich die notwendige Einfüllöffnung unter der nun endlich auch mir bekannten kleinen Klappe am hinteren linken Kotflügel.

Die zehn Liter verschwanden vollständig im Tank und nach dem ich einige Startversuche mit Schweißperlen auf meiner Autofahrerstirn hinter mich gebracht hatte, summte es vor uns unter der wieder ordnungsgemäß verschlossenen Motorhaube.

Ein Siegesschrei aus vier Kehlen machte sofort den noch immer in der Nähe stehenden Polizisten auf uns aufmerksam, aber er blieb ohne roten Kopf und diesen aber leicht schüttelnd an seinem wichtigen Arbeitsplatz stehen.

Wir saßen dann anschließend ganz gemütlich am häuslichen Kaffeetisch und unser weinroter war immerhin weitere 2553 Meter gefahren

Seitdem habe ich immer den Reservebehälter mit zehn Liter Supersprit in dem nun von mir sicher zu öffnenden Kofferraum und wir sind zwei Wochen später tatsächlich am Sonntag hinaus gefahren und haben auf einem Waldparkplatz fünfzehn Kilometer aus der Stadt raus ein herrliches Picknick gemacht.

Wie sagt man immer: „Es ist noch nie ein Meister vom Himmel gefallen." – und warum sollte es dann ein Autofahrer tun.

Der Weihnachtsbraten

Ernst war schon von Geburt an ein Glückspilz gewesen. Schon in der Schule durfte er die fünfte Klasse dreimal wiederholen und hatte somit das Glück vier Jahre von der erotischsten Lehrerin der Schule unterrichtet zu werden. Alle seine Freunde hatten ihn damals um dieses Glück beneidet. Auch sollte ihn das Glück in seinem zwangsweise folgenden Erwachsenendasein nie so richtig verlassen. Keiner hatte es je begriffen, aber Ernst hatte sie. Erika, das begehrteste Weibchen im Umkreis von 350 km. Und der Gipfel war, sie war auch noch seine beste Ehehälfte. Es stellten sich dann zwangsweise auf Grund der erotischen Ausstrahlung von Erika zwei überaus intelligente Buben im Laufe der ersten drei Ehejahren ein. Zumindestens waren die beiden Racker intelligent genug, die lieben Eltern immer wieder von allem Möglichen zu überzeugen, was halt so kleine Racker für den ganz persönlichen Spaß im Leben brauchen (diverse Legoteile, Spielekonsolen, Handys, usw.).
Ernst hatte aber auch jeden Samstag regelmäßig und beständig das Glück, bei den Lottozahlen immer genau neben den gezogenen Zahlen zu tippen. Die Familie feierte dann bis spät in die Nacht sein Glück, wieder genau daneben getippt zu haben. Also kam immer wieder Freude ins Haus von Ernst. Sogar im alltäglichen Leben konnte unser Glückspilz sich nicht beklagen. So schaffte er jeden Morgen immer wieder glücklicherweise erst die nächste Straßenbahn, kam glücklicherweise täglich zu spät auf Arbeit, was aber glücklicherweise seit sieben Jahren niemand zu bemerken schien. Im vergangenen Jahr hatte Ernst sogar glücklicherweise einen schweren Verkehrsunfall überlebt, hatte seit dem glücklicherweise etwas Sehschwierigkeiten und durfte somit glücklicherweise nicht mehr Auto fahren, was ihn glücklicherweise vor dem nächsten Unfalltod rettete.
Wie jedes Jahr wurde in der Stadt recht eindeutig auf das bald folgende Weihnachtsfest hingewiesen. Ein unübersehbarer Hinweis war der mitten auf dem Marktplatz aufgebaute

Weihnachtsmarkt, den Ernst zu jeder Jahreszeit auf dem Weg zur Arbeit täglich zweimal kreuzen mußte. So natürlich auch zwischen all dem grünen und blinkenden Weihnachtszeitzubehör hindurch. Zwei Wochen waren es gerade noch bis zum Fest der glücklichen Familien, als Ernst mit seltsam leuchtenden Augen (hatte er jedes Jahr) verkündete: „Familie, wir gehen am Sonntag auf den Weihnachtsmarkt!"

Und siehe da, sie gingen tatsächlich, was man nicht immer bei Ernst zu erwarten brauchte, wenn er lautstark etwas ankündigte. Die ganze vierköpfige Blase zog also am zweiten Advent freudestrahlend wie ein paar frisch gebackene Weihnachtsäpfel zum lang ersehnten Vorweihnachtsspaß. Nachdem die lieben kleinen Lausbuben Ernst nebst Frauchen 25 mal von dem Benutzen des Kinderkarussels überzeugt hatten und schon leichte Kreislaufstörungen bekamen, meldete sich aber der Spieltrieb vom Superglückspilz Ernst. Während die beiden Jungen ihre sechsundzwanzigste Runde im Feuerwehrauto drehten, griff Ernst mit geschlossenen Augen und zittriger Hand in die Blechbüchse des Losverkäufers. Ein einziges wollte er nur riskieren, denn eine Niete wäre ja nicht so depressiv, wie zehn. Noch ehe Ernst das winzige blaue Papierröllchen entrollen konnte, stand sein ganzer Anhang plötzlich mit erwartungsvollen Augen neben ihm. Langsam und voller Spannung öffnete Ernst das Los des Jahrhunderts und nachdem er mit erdrückter Stimme seiner Familie die Zahl 3000 mitgeteilt hatte, sackte der starke Glückspilz erst einmal etwas in sich zusammen. Nur die Kraft von zwei Frauen- und vier Kinderarmen konnte Ernst vor dem totalen Absturz in den matschigen Schneebelag des Marktplatzes bewahren. 3000 – das klang wie drei Millionen Dollar oder eine Luxuslimosine von ALDI.

Acht Augen versuchten in dem Durcheinander der Gewinnauslage der Losbude den Gewinn 3000 zu entdecken. Aber vergeblich. Vielleicht sind das ja auch nur 3000 Päckchen Superblasenkaugummi oder sonst irgendein Pippifax – ging es mit tausend Volt Überspannung durch die Gehirnwindungen vom Glücksoberpilz Ernst. Das Los, welches der strahlende Familienvater dann aber doch noch beim Losbudenbesitzer abgab, war in den feuchten Fingern des Besitzers schon fast aufgeweicht

Ein tosender Lärm sollte aber die Ungewissheit beenden und Ernst gleich wieder weiche Knie verschaffen. Der Losbudenbesitzer hatte mit einer Gummikeule wie vom wilden Affen gebissen auf ein Stück Blech herumgeschlagen und dann lauthals verkündet: „ Achtung! Achtung! Hier haben wir ihn! Hier haben wir den absoluten Hauptgewinn! Hier haben wir den absoluten Glückspilz!"

Dreimal vollzog der schreiende Mann diese Zeremonie, bis ihm doch noch die Stimme versagte. Die ganzen Besucher des Weihnachtsmarktes hatten es inzwischen vernommen, hatten ihre Kinder auf den Karussellen allein gelassen und waren geschlossen zur Losbude geeilt. Fast drohte die randgefüllte Gewinnzentrale unter dem Druck der Neugierigen zusammen zu brechen, als Ernst dann auch noch nach oben zu dem Schreihals mußte. Wahrscheinlich war dessen Stimme jetzt total im Eimer und er wollte dem Hauptgewinner den Gewinn in die aufgesperrten Ohren flüstern. Die Brüste des kleinen männlichen Nachwuchses von Ernst und auch die seiner Frau waren voller Stolz auf den Mann und Vater sichtbar gewachsen. Noch einmal schlug der heisere Mann zielsicher auf das tosende Blechstück ein und verschwand dann für einige Augenblicke nach hinten. Die Spannung wuchs derweil vorn ins unermeßliche. Sogar die dreihundert Zuschauer hatten gemeinsam schon dicke Schweißperlen auf ihren Stirnen. Dann sollte der ganze Platz plötzlich in ein allgemeines „Aaahh" und „Oooohhh!" verfallen. Der Gewinn erschien unter dem starken Arm des Marktschreiers, fest eingeklemmt und sehr lebendig.

Ernst hatte eine fast fünf Kilo schwere und noch sich ihres Lebens erfreuende Weihnachtsgans gewonnen und er bekam sofort wieder die schon angeborenen weichen Knie.

Allgemeiner und tosender Beifall von sechshundert behandschuhten Händen sollte das ganze Spektakel dann auch noch den richtigen Rahmen geben. Wie im Trance stolperte Ernst von der Bühne, auf der er für Augenblicke seines

Lebens zum Star gekrönt worden war und dann zog seine Familie unter weiteren Beifallsstürmen im Gänsemarsch in Richtung Heimathafen.

Allen Vier war aber die Problematik dieses Ereignisses im Gewinntaumel lange nicht bewußt geworden, aber spätestens als „Gusti", wie das Federtier sofort liebevoll von den beiden Jungen getauft wurde, ein kleines „Häufchen" auf den guten Teppichboden im Wohnzimmer abgelegt hatte. Erika traf es wie ein Blitz und sie stellte sich ihren Teppich nach vierzehn Tagen und weiteren Häufchen von Gusti bildlich vor. Es war ja schließlich noch zwei Wochen bis zum Fest und eine Weihnachtsgans wird nun mal zu Weihnachten verspeist und nicht zu Ostern. Ernst besann sich aber auf sein erfinderisches Gehirn und rettete mit einem genialen Einfall die verfahrene Scheißhaufensituation.

Unten im Keller hing schon seit unendlichen Jahren eine von den Schwiegereltern geerbte alte Zinkbadewanne, in der seine bezaubernde Gattin in jungen Jahren mal splitternackt herum getollt war. Natürlich würde Erika so etwas heute nicht mehr machen, zumindestens nicht in der Zinkwanne. Aber für Gusti war dieser Behälter ein idealer Häufchenablegeplatz geworden und somit die Möglichkeit recht bald voll und ganz zur Familie zu gehören. Ernst ging nach drei Tagen mit Gusti an der gekauften Hundeleine „Gassi" und die schlaue Gans konnte nach einigen Übungen sogar schon „Männchen" machen. Abends beim Familienfernsehen saß das gelehrige Tier ganz brav mit auf dem Sofa und gab sogar schon ab und zu seinen Kommentar zu gemeinsam inhaliertem Fernsehprogramm. Die letzten zwei Tage vor dem großen Fest saß Gusti schon im extra angeschafften Kinderhochsitz beim Essen mit am Tisch und holte sich mit dem langen Hals ganz geschickt ihre Lieblingsbrocken von den Speisen.

Nun war aber der unausweichliche Tag des Gänsebratens herangerückt und die beiden Erwachsenen hatten in den letzten zwei fast schlaflosen Nächten immer wieder über die Zukunft von Gusti diskutiert. Den Kindern verschwiegen die Eltern recht verzweifelt Gustis Zukunft und die normale Verwendung einer solchen Weihnachtsgans. Erika war nach diesen Nächten morgens immer mit rot geweinten Augen herumgelaufen und Ernst drückte Gusti immer wieder an sein weiches Herz. Jedenfalls fand keiner von den Beiden eine geeignete liebevolle Tötungsmöglichkeit und sie überlegten schon, ob sie für Gusti nicht auch noch Hundesteuer bezahlen sollten.

Es war dann am heiligen Abend in der Frühe. Ernst war im Wohnzimmer mit dem Putzen des Weihnachtsbaumes beschäftigt und Erika werkelte in der Küche herum. Die beiden lieben Jungen hatten sich Gusti angenommen und waren mit wildem Fangenspiel im Kinderzimmer beschäftigt. Wölfchen, was der jüngste Sproß der Familie war, stürzte gerade vor Gusti davon. Er rannte aus der offenen Kinderzimmertür und schlug diese hinter sich blitzschnell zu, um sich vor Gustis liebevollen Bissen in die Waden zu schützen. Aber Gustis langer Hals war schneller und so kam dieser zwischen die zum Fallbeil umfunktionierte Tür. Es ging aber alles wirklich sehr schnell und Gusti hat auch nicht leiden müssen. Nach zweieinhalb Stunden der Kinder- und Erwachsenentränen und der anschließenden Freude über die Geschenke bei der Beschehrung, hat sich Erika am späten Abend dann doch noch zärtlich über Gustis Federkleid hergemacht und die gut genährte Gans anschließend in die Backröhre geschoben.

So richtig geschmeckt hat es am nächsten Tag aber keinem von der Familie oder können sie sich vorstellen, ihren heiß geliebten Schoßhund verspeisen zu wollen?

Der wichtige Zettel

Vor zwei Wochen sollte es im Leben von Max ein einschneidendes Erlebnis geben. Mit seinen gerade mal 39 Lenzen auf den breiten Männerschultern, machte er allgemein noch eine gute Figur.

Der, nach seiner Meinung noch gar nicht zum alten Eisen zählende Max strotzte vor körperlicher Kraft und besaß auch im täglichen Leben noch genügend Schwung und Elan – natürlich auch für seine Monika.

Der stramme Max besuchte seit über zehn Jahren regelmäßig das Muskelbildungszentrum „Flotter Hirsch" gleich um die Ecke und er ließ dort seine nicht müde werdenden Arm- und Beinverdickungen spielen.

Mäxchen, wie Monika zärtlich, aber fälschlicherweise ihren Herkules nannte, war im vergangenen Jahr zum besten Müllmann des Jahres gekrönt. Er hatte es geschafft, rechts und links je eine volle Mülltonne gleichzeitig zu stemmen. Daraufhin wurde ihm der heißbegehrte goldene Mülleimer von seinem Chef verliehen. Dieses seltene Stück stand nun im Flur und wurde von Monika als Regenschirmständer benutzt – für den Müll war er nun mal wirklich zu schade, es sei den man hätte goldene Abfälle.

Auch die beiden Kinder sahen immer ehrfürchtig zu ihrem bullenstarken Herkulesvater auf.

Nun aber war es passiert.

Müllmax fing an, an seiner Person zu zweifeln.

Seine Monika hatte vor zwei Wochen gerade mit vielen anderen Dingen, wie Kaffeekränzchen mit ihren Freundinnen und zwei Stunden Friseurbesuch, zu tun. Leider hatte sie beim letzten Supermarktgroßeinkauf ein paar wenige, aber wichtige Dinge vergessen. Max hatte diese Supermärkte bisher immer nur von hören – sagen kennen gelernt. Erstens hatte er nie Zeit und zweitens war er viel zu „Mann", wie er sich einschätzte, um dem Einkaufen und anderen sogenannten Weibchentätigkeiten zu frönen.

Die beiden Jungen waren mit geschickten Ausreden, wie lernen müssen beim Freund und unbedingt zum Schwimmunterricht gehen, aus der Wohnung gestürzt. Monika hatte dann ihren ganzen weiblichen Scharm eingesetzt, um zum regelmäßigen Kaffeekränzchen gehen zu können und Max vom Jungfern- Supermarktbesuch zu überreden. Der Herkules mit dem weichen Herzen war dahingeschmolzen. Monika ihm einen Wunschzettel und zwei Einkaufsbeutel in seine starken Männerhände gedrückt und den total überrumpelten Maxi noch den Weg zu dem Einkaufszentrum erklärt.

Auf dem kleinen Zettel waren vier lebenswichtige Artikel notiert, welche Max nur abzulesen, einzukaufen und mit seinen starken Müllmannarmen nach Hause bringen mußte. Das ist doch kinderleicht – hörte er noch seine Monika sagen und da hatte sie einen wunden Punkt bei Max getroffen.

Der nicht Kind sein wollende Supermann sprang also kurz entschlossen in den alten Familien-Volvo und dampft in Richtung Supermarkt. Der kleine Zettel steckte sicher in der Innentasche in seiner Jacke und die lag auf Grund der Hitze im Auto gleich auf dem Rücksitz.

Nachdem Max noch zweimal unterwegs nach dem richtigen Weg gefragt hatte, landete er aber nach knapp einer Stunde auf einem freien Parkplatz vor dem Supermarkt. Seine Monika war mit dem Fahrrad meistens nur acht bis zehn Minuten dorthin unterwegs. Er stemmte die noch leeren Einkaufsbeutel und stürzte in den mit Angeboten überfüllten Regalraum.

Schon als er mit dem Einkaufswagen, den er nach einem kräftigen Ruck von der Haltekette befreite, hinter der Lichtschranke am Eingang und zwischen den ersten unübersichtlichen Regalen verschwand, bemerkte Muskelmax den fehlenden Zettel von Moni.

Max drehte um und versuchte krampfhaft den gleichen Weg nach draußen zu nehmen, wie er gekommen war, um im Auto nach der wichtigen Gedankenstütze zu suchen. Die blöde, nicht nach außen aufgehende Schranke und weitere neue

Einkäufer sollten Max aber bald die Lust nehmen, das kleine Stück Papier zu suchen.

Das wäre doch gelacht, wenn ich das nicht auch so hin bekomme – dachte SuperMülli Max, denn er hatte ja schon einiges in seinem Leben hin bekommen. Er versuchte sich vorzustellen, was Moni so alles brauchen könnte. Schließlich öffnete Max auch hin und wieder den heimischen Kühlschrank ganz allein, vor allem wenn er ein neues kühles Bierchen brauchte. Dabei erblickte er immer wieder einige andere auch zu kühlende Dinge und das sollte nun für Max ein guter Wegweiser werden.

Na ja, als erstes war bestimmt etwas Wurstware zu besorgen – und so fand Max nach einigen freundlichen und dem Gegenteil von freundlichen Hinweisen die randgefüllten Wursttruhen. Er packte acht verschiedene in Därme gepresste Fleischwaren in den Großraumeinkaufswagen und zur Wurst paßte bestimmt auch Brot. Fünfundzwanzig verschiedene Brotsorten lagen noch leicht dampfend in der bald von Max erschnupperten Backwarenecke. Sechs Zweipfünder gefielen ihm schon vom Aussehen recht gut und waren bald im Transportwagen verschwunden.

Dann machte es in Maxens Gehirnwindungen plötzlich - Klick.

Zwei allgemein bekannte Lebensmittel hatte er in verschiedenen Ausführungen in Wagen, aber was waren bloß die anderen beiden notwendigen Artikel?

Max stand mit seiner ganzen Muskelkraft und schon einigen Schweißperlen auf der hohen Denkerstirn leicht an ein Regal gelehnt, als er von ganz weitem eine weibliche Stimme hörte: „Ist ihnen nicht gut, sie sehen so blaß aus?" Eine ältere Dame tauchte vor Maxens leicht verschleierten Augen auf und er spürte eine kleine Hand an seinem fünfzehn Kiloarm.

„Ach es ist nichts. Es geht schon wieder."

Die Dame verabschiedete sich mit einem verständnisvollen Lächeln und bei Max ging es dann wirklich wieder. Er war ja schließlich ein starker Mann und verfügte über seiner Meinung nach ausreichender Lebenserfahrung, um diese Aufgabe allein bewältigen zu können.

Nun wollte Max ja wirklich nicht ohne diese vier
lebensnotwendigen Artikel nach Hause dampfen und nach
dem er die dritte Komplettrunde durch die gut gefüllten
Regalreihen hinter sich gebracht hatte, schob der gute Mann
schon den zweiten Einkaufswagen mit seinen starken Armen.
Auch dieser wurde von ihm mit allen erdenklichen
notwendigen Lebensmitteln gefüllt. Immerhin bestand auf
Grund der Vielfalt der von Max eingesammelter Artikel die
Möglichkeit, daß die wichtigen vier dabei waren. Den Rest
wird man schon irgendwie einfrieren, aufkochen oder bald
aufessen
Die Kassiererin war nach einer halben Stunde mit den beiden
überquellenden Wagen und auch persönlich fix und fertig. Für
den Abtransport war dann die Familienkutsche inklusive
Kofferraum und Innenraum komplett gefüllt. Mäxchen
quetschte sich mit seinem wuchtigen Körper gerade noch auf
den Fahrersitz und dann ging es hocherfreut in Richtung
Heimat. Der zwei Meter lange Kassenbon und die mit der
Scheckkarte abgebuchte Summe hatten Max nun auch nicht
mehr erschüttern können. Er war der abgehärtetste
Supermarkteinkäufer des Jahres.
Als der gute Max dann gegen 19.30 Uhr zu Hause ankam,
hatte Moni schon in sämtlichen Kneipen im Umkreis von
zwei Kilometern nach ihrem Mann nachgefragt.
Beim Anblick des gefüllten Automobiles bekam sie dann
ihren ersten und sich sehr gefährlich anhörenden
Schreikrampf. Aber mit Hilfe der vom „Nachhilfeunterricht"
und „Schwimmkurs" heim gekehrten Ausredejungen war
binnen fünfundvierzig Minuten alles in allen Schränken,
Truhen und Kühleinrichtungen der Familie verstaut. Einige
wenige Sachen mußten dann auf Grund wirklich akutem
Platzmangels in der Nachbarschaft zu entsprechenden
Sonderpreisen angeboten werden
Dann wurde zu guter Letzt die Jacke von Max und der darin
auf seinen Einsatz vergeblich gelauerte Zettel auf dem leer
geschaufelten Rücksitz gefunden.
Max las mit männlicher und nur ganz leicht zitternder
Stimme:

1 Familie-Brot, 1 Stück Butter, 1x Superzahncrem, 10 mittlere Eier.

Zu mindestens waren diese vier Dinge irgendwie und irgendwo dabei.

Diese vier simplen Sachen hätte man sich doch auch ohne Zettel merken können – ging es Max dann noch einige Tage durch sein umfangreiches Männergehirn. Oder sollte er trotz seiner vielen Muskeln schon an Alterserscheinungen und Verkalkung leiden. Seit diesem Vorfall übt Max jetzt regelmäßig drei bis vier Artikel nur durch seine Geisteskraft einzukaufen – Einkaufszettel haßt Max nun über alles.

Die lieben Verwandten

Carl-Gustav hatte eine anstrengende Woche auf der Maloche hinter sich gebracht. Er und seine Familie wollte den wohlverdienten Sonntag in aller Ruhe und Entspannung verbringen. Seinen beiden kleinen Söhnen hatte er unter Androhung von drei Wochen Konsolenspielverbot mitgeteilt, daß sie sich nach Beenden ihres Nachtschlafes mit Dingen zu beschäftigen hätten, welche nicht mehr Lärm machten, als ein vor sich hinplätschender Zimmerspringbrunnen. So schafften es der Familienvater und seine Helene bis fast 10.00 Uhr faul und vor sich hindösend im Bett herumzulungern. Die angedrohte Strafe für die Söhne schien sogar noch beim Frühstück ihre Wirkung behalten zu haben, obwohl die Frist schon nach dem Aufstehen abgelaufen war. Die beiden Nachkommen schmatzen kaum, verkleckerten nur dreimal die Marmelade und aßen auch alles fein säuberlich auf.

Anschließend saßen sie auch noch ganz brav neben ihrem Erzeuger und schauten sich mit mehr oder weniger Begeisterung Vaters Lieblingssendung im Fernsehen an – die Sendung mit der Maus. Die Mutti werkelte wie verrückt in der Küche herum und versuchte ihr ganzes Können beim Zubereiten des Mittagsmahles einzubringen. Sie versuchte es schon einige Jahre und es gelang ihr immer öfter der drei Sterne – Küche nahe zu kommen. Manchmal gelang es ihr wiederum nicht so ganz.

Gegen 12.00 Uhr hörten die drei mehr oder weniger Männer: „Essen ist fertig! Kommt Ihr drei Kerle, sonst fallt Ihr noch vom Leder." Das Essen war fertig und die liebe Mutter auch etwas.

„Du kannst Dich ein wenig ausruhen! Wir machen schon den Abwasch, Liebling." :äußerte sich Carl, in der weisen Voraussicht, daß beim Knobeln um diese Tätigkeit ganz bestimmt die Jungen verlieren würden. Aber der gute Vati sollte sich wie immer geirrt haben und so wusch er ab und die Lausegewinner spielten mit der Konsole.

Carli hatte sich nach dieser Schwerstarbeit gerade mit einem Pfeifchen rauchend im Fernsehsessel bequem gemacht, als Franz, der jüngste Sproß ganz aufgeregt mitteilte, er habe vom Fenster Onkel und Tante gesehen. Carl wurde etwas bleich um die Nase und stürzte auch gleich an die verglaste Öffnung in der Wand zur Straße raus. Da rollte die Welle der sonntäglichen Ruhestörer tatsächlich heran.

Unten auf der Straße kamen sie. Carlis heißgeliebter Flaschenbier vernichtender Bruder Edi und seine Ehehälfte Paula, nebst lieben Kinderchen. Paula besaß die seltene Gabe, Sahnetorten in einem Stück zu verschlingen und die beiden Jungen waren auf die Zerstörung von jeglichem Spielzeug und Schrankwände spezialisiert.

Schreck laß nach – ging es durch den nach irgend welchen Ausreden suchenden Gehirn von Carl. Er wollte gerade den kleinen Hocker aus der Küche holen, um die Klingel abzustellen, als diese aber schon den lieben Sonntagsnachmittagsbesuch ankündigte.

Der Sonntag war im Eimer!

Carl-Gustav mußte sich aber gleich nach der herzlichen Begrüßung der lieben Verwandten auf den Weg machen, um am Kiosk an der Ecke seinen Vorrat an Flaschenbier aufzufüllen. Sein privater Sonntagsvorrat von sechs Flaschen kühle Blonde sollte dank Edi bestimmt nur eine Stunde reichen. Carls Frau war ein Talent in Geschwindigkeitskuchenbacken und zauberte binnen weniger Augenblicke einen herrlichen Käsekuchen. Der Kaffeevorrat war auch schnell überprüft und Carl ein weiterer Weg zum Kiosk erspart.

Als Carl vom Flaschenbierkiosk zurück gehetzt kam, waren schon drei schöne Pilsner durch Edis Kehle geflossen. Der überquellende Aschenbecher war auch schon einmal geleert worden. Carl hatte auch noch eine Stange Malboro vorsorglich mitgebracht, denn sonst hätte er ab Montag dank Oberschlaucher Edi an seinen fünf Fingern saugen können.

Wölfchen, der zehnjährige Sproß von Edi hatte mittlerweile Carls beiden Söhnen die gerade erst frisch geschnittenen Haare mittels einer Kinderplastikschere um weitere fünf

Zentimeter gekürzt. Edis Sohn Paulchen war auch nicht untätig im Kinderzimmer geblieben und den teuren ferngesteuerten Rennflitzer von Franz durch einige handwerkliche Fähigkeiten von seinem Funktionieren befreit. Muttchen hatte gerade zwei Kannen Bohnenkaffee fertig bekommen und der Blitzkäsekuchen dampfte schon auf dem schnell gedeckten Wohnzimmertisch. Paulas Augen bekamen bei dessen Anblick sofort einige Freudentränen in die gut geschminkten Äuglein und man konnte das Wasser in ihrem Mund förmlich zusammen laufen hören.

Nach einem kleinen Kaffeekränzchen von einer Stunde war auch der letzte Krümel des liebevoll erstellten Gebäckstücks von den Tellern verschwunden und zwei weitere Kannen Kaffee durch die Kehlen der lieben Verwandtschaft geflossen. Die lieben Kleinen hatten ungeniert den Keks- und Waffelvorrat des nächsten halben Jahres gleichmäßig in ihren Mägen und der ganzen Wohnung verteilt.

Erwin, Carl-Gustavs jüngster Sohn mußte dann auch noch kurz vom Notarzt behandelt werden, nachdem er wie ein Zitteraal zitterte. Wölfchen fand nach einigen Schränke ausräumenden Versuchen das gut versteckte Elektroexperimentierspiel und hatte Erwin mit zwei Kabel und zwei Klemmen mit dem Hauseigenen Elektronetz verbunden.

Der Riesenberg benutzten Porzellans in der Küche deutete auf das Ende der Kuchenschlämmerei hin und Carl mußte auf ausdrücklichem Wunsch seiner gastfreundlichen Frau die stille Reserve an guten Doppelkorn rausrücken. Nach dem fünften doppelten Doppelkorn mußten sie die Wohnzimmertür fest verschließen, damit die Erwachsenen sich unter Ausschluß der Minderjährigen Edis erotische Abhandlungen aus dem Alltag in Ruhe anhören konnten.

Obwohl Carlchens Ehefrau sich schon im reiferen Alter eines Menschen befand, wechselte die Farbe ihrer Gesichtshaut ständig von blaßrosa zu hochrot.

Ein unmißverständlicher Lärm aus unzähligen Kinderkehlen vor der verschlossenen Tür beendete Edis versauten Bemerkungen über Blondinen und die Tür zu Fernseher mußte wieder geöffnet werden. Die vier Kinderzimmerzerstörer waren sich seltsamerweise mal einig. Sie wollten ihre sonntägliche Kindernachmittagssendung unbedingt nicht verpassen.

Zwangsweise mußten das erste Mal in ihrem Leben die lieben Eltern der Kindersendung beiwohnen, denn das restliche Bier, der Doppelkorn und der letzte Kaffee sollte nun doch nicht in das Kinderzimmer verlegt werden. Doch seltsamerweise waren die vier aufgeklärten erwachsenen Menschen recht bald genauso von dem Kinderfilm gefesselt, wie die Kleinen. Sprangen da doch nicht gerade selten recht unbekleidete Menschlein in oftmals recht eindeutigem Ziel über die Schwarz-weiß Bildröhre. Den Eltern war durch diese Fernseherfahrung erstmals klar geworden, daß eine erotische Aufklärung des Nachwuchses in Zukunft total überflüssig geworden war.

Bruder Edi tat sich auch ohne Zutun des Hausherrn am Rest des doppelten Doppelkorn recht gütlich und fing auch bald wie immer zu politisieren. Wo er doch als Bediener der öffentlichen Straßenbahn überhaupt nichts von Partei und Regierung und dem ganzen Kram verstand. Aber das war bei Edi schon immer bekannt wenn der genug getrunken hatte und es gibt bestimmt noch mehr solcher Edis auf unserem Planeten.

Die beiden Frauen hatten ihre Gespräche in andere Richtungen gelenkt und in einer halben Stunde Gespräch mindestens vier bis fünf Pullover in allen erdenklichen Mustern fachfrauchlich mit Worten gestrickt.

Die lieben Kleinen stritten sich nach der Kindersendung, ob sie noch den Film „Die Angst im Genick" schauen oder ob man die restlichen Möbel im Kinderzimmer zu Holzspänen verarbeiten wollte. Sie einigten sich dann aber doch für die zweite Variante.

Durch die von fünf bis sechs Päckchen Tabakqualm schon leicht vergilbten Gardinen konnte man gerade noch die liebe Abendsonne erahnen, die sich anschickte, irgendwohin zu verschwinden.

Plötzlich war auf unserem guten alten schwarz-weiß Fernsehbild nichts mehr zu erkennen und sogar als Radio konnte man das Gerät auf Grund fehlendem Ton nun nicht mehr benutzen. Edi schien für einen Augenblick seinen Alkoholspiegel total gegen Null gefahren zu haben. „So ein Scheiß! Da müssen wir gehen. So ein Scheißfernseher. Ihr solltet Euch wirklich mal einen Neuen und auch in Farbe, wie wir anschaffen!" :dröhnte es aus Edis heiserer Doppelkornkehle. Er konnte nun das wichtige Fußballspiel leider nicht mehr an unserem Nachtmahltisch inhalieren, sondern er mußte nun schleunigst nach Hause – zu seinem gut funktionierenden Farbfernseher neuesten Standes. So sollte ein stinknormaler alt gedienter Schwarzweiß Fernseher wenigstens den Sonntagabend für uns gerettet haben. Jedesmal, bevor Edi nun vorhatte uns zu besuchen, rief er vorher an und erkundigte sich nach dem technischen Stand unserer Familie.

Wir haben lange ohne Fernsehgerät gelebt und nur die beiden Jungen haben uns auf Grund der für sie so wichtigen Sendung mit der Maus überzeugt, ein neues technisch perfektes Superfarbstereogerät anzuschaffen. Aber Edi haben wir am Telephon noch einige Zeit im unklaren gelassen.

Ein fast gelungener Abend

Nun kann wirklich keiner meiner mich gut kennenden Mitmenschen von mir sagen, daß ich ein absoluter Kulturmuffel bin. Natürlich bin ich als Familienvater und Mitdreiziger nicht mehr gerade erpicht auf die Speisegirls oder die Joungnickels oder so. Seit dem es das gute alte Pantoffelkino für daheim gibt, habe ich auch nicht gerade den größten Trieb im strömenden Regen oder bei minus dreißig Grad Celsius ins nahegelegene Kino zu traben.

Da aber meine herzallerliebste Gattin (wie wahrscheinlich alle herzallerliebste Gattinnen auf diesem Planeten) die angeborene Fähigkeit besitzt, mit irgendwelchen seltsamen Tricks mich von allem und immer zu überzeugen, hat sie es dann aber doch einmal geschafft. So wie sie es geschafft hatte, den dritten für sie persönlichen Kleiderschrank zu besorgen, so gelang es ihr auch mit ihrer weiblichen Zauberkunst mich vom wichtigen Besuch des Filmes „Alle lieben Sabine" im wie schon erwähnt, nahegelegenem Kino zu überzeugen.

Seit der letzten Entbindung meiner Gattin von unserem Jüngsten waren wir nicht mehr richtig allein rausgekommen und das war mittlerweile schon vier Jahre her.

Ich versuchte einen stattlichen Babysitter für unsere beiden Minirambos zu beschaffen und die zweiundzwanzigste nette Dame hat die Jungen dann recht zwanghaft davon überzeugen können, daß sie die Richtige war. So sollte am kommenden Samstag dem Film „Alle lieben Sabine" nichts mehr in dem Weg stehen.

Elfriede, welche meine bessere Ehehälfte war, brauchte aber für diesen Galaabend im Kino unbedingt noch ein nagelneues und dazu passendes Oberbekleidungsstück. Ich überprüfte ganz gewissenhaft noch einmal meinen einzigen Anzug auf Vollständigkeit und ordentlicher Bügelfalte.

Die Babysitterin war auch rechtzeitig und voller Tatenkraft erschienen, die Kinder mit einigen Tafeln Schokolade und Cola ruhig gestellt worden und ich saß im bügelfreiem Hemd und knitterfreiem Anzug im Fernsehsessel und harrte der Dinge, die an diesem großen Abend noch kommen sollten.

Meine liebe Ellen (wie die Elfriede immer genannt werden wollte) probte anscheinend für eine größere Modenschau, denn sie störte mich aller zwei Minuten mit einer neuen Oberbekleidung beim Fernsehen. Nun war ja in den drei Kleiderschränken genug zum probieren.

Nach einer Ewigkeit hatte sie sich dann für ein Bekleidungsstück entschieden, welches ich vor fünfunddreißig anderen schon für gut befunden hatte. Dieses Teil hing schon zehn oder zwölf Jahre mehr oder weniger ungetragen in einem der drei Behältnisse für Damenober- und Unterbekleidung herum.

Der neue Fummel, welchen sie erst gestern nagelneu und extra dafür erstanden hatte, war bei der ganzen Vorführerei überhaupt nicht auf ihrem Körper erschienen. Sie sollte das Teil doch lieber wieder zurück geben.

Als ich dann meine nicht immer planmäßig einsetzende Notdurft verrichten wollte, hatte Madam gerade mit ihrem Gesicht im Bad zu tun. Nach einer schier unendlich erscheinenden Zeitspanne hatte ich dann ein schmerzverzehrtes Gesicht und fast schon die guten Anzughosen voll. Aber die Festbemalung war dann doch noch beendet worden und die liebste Ellen machte mir und meinem unmenschlichen Druck in dem Badezimmer Platz.

Endlich waren wir dann beide fertig zum gehen – ich schon seit Stunden und Frauchen soeben.

Es regnete nicht und es war auch Gott sei Dank im Monat Juli – also war auch mit Dauerfrost nicht zu rechnen.

Als wir in unserer Galauniform vor dem Filmpalast ankamen, sollte bei mir der Eindruck entstehen, daß der Superfilm „Alle lieben Sabine" doch nicht solch ein Knaller sein konnte. Wir waren weit und breit relativ allein vor dem Eingang.

Nachdem wir aber an der Kasse vorsichtig nach zwei Kinokarten fragten, erfuhren wir, daß das Haus total ausverkauft sei. Dann hielt der gute Kassierer nach fünf Minuten das Geheule meiner Ellen aber doch nicht mehr aus und befragte ausführlich seinen modernen Kassencomputer.

„Ich kann Ihnen doch noch helfen, liebe Frau!" :hörten wir durch das kleine Loch des Kassenhäuschens und die Tränen versiegten wie der Regen in der Wüste Sahara.

„Kino 3. Die Treppe hoch und dann links": tönte es noch aus dem Kasten und wir waren schon fast die besagte Treppe hoch. Eine fast vergoldete Tür sagte uns, daß wir hier richtig sein mußten, denn solch ein Superfilm wie „Alle lieben Sabine" konnte nur hinter solch einer Tür stattfinden.

Die beiden fast vergoldeten Karten in der Hand stand ich hinter der Tür und meine aufgeregte Ehehälfte direkt hinter mir in einer völligen Dunkelheit. Ein fast total verdunkelter Raum hatte uns hinter der vergoldeten Tür empfangen, über dessen Größe ich mir nur mit Mühe meine Vorstellungen machen konnte. Vorn auf der Bildwand lief irgend so ein Kulturvorfilm oder so.

Schon nach dem ersten weiteren Schritt von mir nahm das dunkle Schicksal aber seinen Lauf und ich erst einmal einen Sturz in ca. zwanzig Meter Tiefe. Ein lauter Schmerzenschrei sollte Ellen zu mir führen und ich zählte erst einmal meine ganzen Rippen und Knochen, ob ich unterwegs nicht irgend etwas davon verloren hatte.

Ich hatte bloß die erste Stufe in dem dunklen Katzenarsch übersehen, war eine schräge Bahn herunter gefallen und lag nun vor der ersten Stuhlreihe. Auch Ellen hatte sich zu einem schrillen Angstschrei durchgerungen und drei- bis fünfhundert Köpfe ließen sich dadurch von ihrem Film kurzfristig ablenken.

Wenn es nicht so schrecklich dunkel gewesen wäre, hätten die anwesenden Damen und Herren jetzt wenigstens die Supergarderobe und das dazu passende Make up meiner Ellen gesehen. Dann hätte sich ihre Mühe ja wenigstens auch gelohnt.

Ein herbeigeeilter Mitarbeiter des Hauses fragte nach unseren Karten, aber nicht nach meinem Befinden.

„Reihe 23 Platz 16 und 17":erkannte der Herr mittels einer kleinen Lampe und führte uns am Händchen wieder fast dahin, von wo ich abgestürzt war.

„Bitte schön. Hier ist es, dann noch etwa in der Mitte." Flüsterte der Mann dann so geheimnisvoll.

Das war dann aber ein Spießrutenlauf bis zu unseren letzten freien Plätzen. Einmal trat ich jemand, einmal wurde ich getreten. Über die schmutzigen Bemerkungen der netten anderen Reihe 23- iger möchte ich mich hier aber wirklich nicht auslassen. Ehe wir beide unsere heißbegehrten Plätze 16 und 17 erreicht hatten, war unser Beschimpfungswortschatz um einige Dutzend erweitert worden.

Dann saßen wir endlich und ich atmete erst einmal kräftig durch, drückte die zitternde Hand meiner Ellen und versuchte mich dann auf die Leinwand zu konzentrieren. In den Strümpfen von Ellen befanden sich nun mehr Laufmaschen wie Maschen und meinen gut zerknitterten Anzug konnte man anschließend sicherlich nur noch als Putz- oder Scheuerlappen benutzen.

Mein fast zertretenes Hühnerauge gackerte plötzlich auch noch so laut und böse Blicke aus allen Richtungen schienen mich förmlich zu durchbohren.

Wieso der Film „Alle lieben Sabine" hieß, habe ich in den folgenden fünf Minuten auch nicht herausgefunden, denn es kümmerte sich bloß immer ein und derselbe um die heißbegehrte Lady – dann ging plötzlich das Licht im Kino an.

Wahrscheinlich ist das einer von diesen neuen Marathonfilmen – ging es mir durch den leicht überhitzten Kopf – und die machen jetzt eine wohlverdiente Pause. Wir blieben also sitzen, während alle anderen wie wild an die Hauseigene Theke zu stürzen schienen.

Der freundliche Herr von vorhin stand plötzlich neben uns. Ich habe ihn an seiner Stimme erkannt, denn sehen konnten wir ihn ja vorhin nicht.

„Die Vorstellung ist zu Ende, meine Herrschaften!" :sagte er so seltsam lächelnd und er bat uns noch ganz höflich das Kino doch zu verlassen.

Als ich dann doch recht erregt und lautstark unser Eintrittsgeld zurück verlangte, wurde ich nach einer polizeilichen Verwarnung um weitere dreißig Mark erleichtert.

Wir waren, aus welchem Grund auch immer nur etwas zu spät gekommen. Wir hatten in der ganzen Hektik nie auf Uhren oder Filmplakate geschaut. Jetzt bleiben wir die nächsten zehn Jahre erst einmal vor dem Fernseher sitzen, denn da kann man kommen und gehen wann man will. Man kann vor dem Fernseher sogar ein Nickerchen machen, was bei meinem lauten Schnarchen im Kino ganz bestimmt nicht gehen würde.

Ein ganz normaler Mann

Friedrich war vom Grunde ein gestandener und weltoffener Mann. Aber jeder versteht schließlich etwas anderes unter dem Begriff „Mann". Friedrich hatte mittlerweile einen nicht zu übersehbaren Vorbau in der Hüftgegend, mit dem er schon einige Schwierigkeiten hatte, sein bestes Stück ohne einen Spiegel betrachten zu können. Seine drei Brusthaare waren schon gelblich zusammengekräuselt und seine einstmals stattlichen Schwarzenäckermuskelchen hatten eine seltsame Puddingfüllung bekommen. Auch ganz oben an seinem perfekten Körper bemerkte er Veränderungen seit einiger Zeit morgens beim Blick in den Spiegel. Die wunderbare Lockenpracht aus wilder Jugendzeit hatte einer Rutschbahn für Fliegen Platz gemacht. Seine wichtigen Hörgeräte am Kopf hingen auch schon mal ab und zu dackelartig in Richtung Boden. Aber ansonsten war Friedrich ein Mann, denn das stand ja in seinem Ausweis und somit war es staatlich beglaubigt. Aber seit einiger Zeit hatte sich aber etwas eigenartiges in seinem sonst recht normalen Büroalltag eingeschlichen.

Friedrich kämpfte wie ein Löwe dagegen an, aber er war leider ein schwacher Löwe. Es fing immer schon früh morgens an.

Friedrich wurde von seinem Frauchen wie schon seit unzähligen Jahren wie gewohnt zum Weg ins Büro geweckt, aber seine einst recht strammen Rechtsaußenwaden fühlten sich nach der schweißgebadeten und Kissen zerwühlten Nacht immer wieder wie Gummi an. Mit Bleifüßen schlurfte er dann ins Bad, pinkelte jedesmal schaukelnd neben die Toilette und brauchte einige Minuten, bis er sich traute in den blöden Spiegel zu sehen. Dann aber nahm er immer all seinen noch verbliebenen Mut zusammen und ganz vorsichtig erschien sein fahlgraues, vom Selbstzweifeln zerfurchtes Gesicht im Spiegelglas. Die elektrische Zahnbürste kratzte dann wie Sandpapier auf seinen letzten Zähnen, denn er hatte nun schon fünf durch Entscheidung seines Zahnarztes verloren. Der alte Rasierapparat zitterte anschließend über seine sonnengebräunte Mannesgesichtshaut und zupfte förmlich jedes einzelne Barthaar aus seinem schmerzverzogenen Konterfei. Das Ankleiden gelang ihm seit Wochen auch nur noch durch die verständnisvolle Hilfe seiner lieben Ehefrau. Auch beim Frühstück hatte Friedrich kaum einer seiner Gliedmaßen voll im Griff. Regelmäßig wurde die gerade erst aufgelegte Tischdecke mit Kaffeeflecken verziert und die Katze konnte die herunter gekleckerte Marmelade vom Fußboden aufschlecken.

Auch ins Büro konnte Friedrich auf Grund seines nervlichen und körperlichen Zustands nicht mehr allein fahren. Sein Kollege und Zimmergefährte Karl nahm ihn selbstverständlich schon seit zwei Monaten mit ins Büro. Karl stand auch während der Geschäftszeit ihm hilfreich und Fehler korrigierend zur Seite. Er führte Friedrichs Hand beim Abstempeln von wichtigen und unwichtigen Dokumenten, legte immer wieder geduldig heruntergefallene Papiere und Akten an ihren Platz. Er führte auch Friedrichs zitternde Finger über die Tastatur, wenn Friedrich wichtige Telephonate mit dem Chef oder auch unwichtige Telephonate mit Kunden führen mußte. Schon unzählige Male hatte sich der geplagte Mann sein total überhitztes Oberstübchen zermartert, was bloß mit ihm los war.

Dreimal in den letzten zwei Monaten hatte Friedrich seine Versicherungskarte eingesteckt, um seinen Hausarzt einen Besuch abzustatten, aber das winzige Kärtchen dann immer wieder tagelang gesucht, weil ihm entfallen war, wo er sie untergebracht hatte.

Und dann sollte ein Wunder geschehen. Seit gestern früh nach dem Aufstehen war schlagartig der ganze Alptraum vorüber. Friedrich wurde wie immer mit einem lächelnden Gesicht von seinem Frauchen geweckt, aber gestern hatte sie viel mehr gelächelt als sonst. Sie hatte ihm dann auch noch irgendeine Zauberformel ins rechte Dackelohr gesäuselt, wie etwa: „Herzlichen Glückwunsch zum fünfzigsten Geburtstag, mein Schatz!"

So einfach wurde man nun fünfzig – hatte Friedrich nur noch gedacht und es hat auch gar nicht wehgetan. Paul hatte es hinter sich. Ein zehn Zentnerstein schien von seiner stolzen Mannesbrust mit den drei gekräuselten Haaren genommen zu sein. Alles war wieder fast wie bei einem zwanzigjährigen – na ja, eben aber nur fast. Friedrich hatte die Schwelle ins nächste Jahrfünfzig überschritten und war geheilt.

Ein leicht getrübter Kunstgenuß

Benno kaufte sich gestern endlich seinen lebensnotwendigen Zweireiher.

Seine hartnäckige Frau Susanne hatte es nach vier Wochen dank ihrer Überredungskunst oder vielleicht auch nur durch ihre zweiwöchige Erotiksperre geschafft, den halsstarrigen, eigensinnigen, aber dummerweise sehr lieben Ehemann von der unbedingten Notwendigkeit dieser Anschaffung zu überzeugen.

Als ob es der graue Anzug, den sich Benno vor gerade mal acht Jahren auf einem Trödelmarkt nach hartnäckigem Kampf gegen drei weitere Bewerber beschafft hatte, nicht auch noch getan hätte – dachte und sagte es immer wieder der bissige liebe Benno.

Aber der tat es nach der fachlichen Aussage von Susi nun wirklich nicht mehr.

Die beiden waren dann gestern Nachmittag nach einem letzten vergeblichen Aufbäumen von Benno in die Stadt und ins Spezialfachgeschäft für Ein-, Zwei- und Dreireiher gegangen.

Bennilein mußte immer wieder gezogen, geschoben und getreten werden, aber Susi war doch recht kräftig gebaut.

Es gab dort eine ganze Etage nur für diese besagten Zweireiher und das sollte Benno dann doch noch überzeugen, denn nach dieser Menge an Zweireihern mußte die ganze Welt Zweireiher tragen.

Nach siebzehn unnötigen Anproben hing der allerliebste aller Bennos schon recht schlaff in dem nun schon achtzehnten Kleidungsstück und er mutierte schon langsam zu einen dieser Tausenden Zweireihern.

„Der paßt ja phantastisch!" :hörte Benno seine Susi von weitem mit schon dem nächsten Anzug über ihren kräftigen Armen erfreut rufen. Als der schon etwas verwirrte Verkäufer Susis Meinung unterstützte, wurde das zweireihige Oberbekleidungsstück an der Kasse bezahlt und Benno sackte beim auf dem Display erschienen Preis völlig in sich zusammen. Für diese Summe hätte er einen ganzen

Kleiderschrank voll Bekleidung auf dem Trödelmarkt bekommen. Benno mußte ja bloß knapp einen halben Monat mit seinem Müllauto Müll fahren, dann war das gute Ding schon bezahlt.

Es hatte aber auch einen ganz enormen Vorteil so einen Zweireiher zu tragen. Man konnte da schon mal eine Reihe irgendwo verlieren, hatte dann ja immer noch eine Reihe.

Der Grund für diese nun endlich vollzogene Anschaffung, war ja nun nicht, daß Benno bei seiner Müllkutscherei jetzt bei den Kunden Eindruck schinden sollte, sondern ein schon seit zwei Jahren von Susi geplanter Besuch im hiesigen Theater. Susi wollte ganz einfach mal mitreden können und da der Gesprächsstoff ihres wöchentlichen Kaffeekränzchens zu versickern begann, mußte man ins Theater. Ihre Freundin Beate war ja in ihren fünfzehn Ehejahren mit ihrem Peter auch schon zweimal in dem Musentempel gewesen.

Benno war ja auch noch nie in seinem bisher mehr oder wenig aufregenden Leben in solch Musenschmaus gewesen. Immerhin hatte er mit Susi vor acht Jahren zweimal im Kino den Film „Rockis letzter Versuch" gesehen. Ansonsten beschäftigte sich der liebe Benno in seiner kostbaren Freizeit mit dem Studium von verschiedenen Pilzarten in Flaschenform und studierte nun schon im fünfzehnten Jahr Kneipologie und Zapfhahnkunde.

Nun endlich sollte Benno dank Susi in die höheren Kreise der Menschheit vorstoßen und er fühlte sich, als ob man ihn morgen alle zweiunddreißig Zähne ohne jegliche Betäubung ziehen wollte.

Für die Betreuung der beiden gut erzogenen Söhne Maik und Toni war auch gesorgt worden. Oma hatte sich dieser mittelschweren Aufgabe angenommen und als die gute Oldlady eine Bedienungsanleitung von zwei DIN A4 Seiten über die Behandlung von zehn- und zwölfjährige Lausebuben von Susi erhielt, ließ sie sich dann schließlich breitschlagen, für die eine Nacht die beiden Löwen zu bändigen.

Als dieses Thema gut geklärt war, sollte dem Kunsthochgenuss nun nichts mehr im Weg stehen.

Susi hatte wie die meisten ihrer Gattung vorsichtshalber schon gleich nach dem Mittagessen damit begonnen, aus ihrer sonst recht bescheidenen Person mittels schweinisch teurer Garderobe und umfangreichem Make up, eine First-Lady zu zaubern.

Kurz vor dem Abmarsch in den Musentempel gegen 19.00 Uhr weckte Susi den vor dem Bildschirm eingeschlafenen Benno und bedrängte ihn dann recht massiv, sich doch endlich zu zweireihen.

Das dauerte bei Benno, wie auch bei fast allen seiner Gattung Gott sei dank nur Sekunden und ein Gentleman von Kopf bis zu den Sohlen begutachtete sich vor dem großen Spiegel im Kleiderschrank.

Sogar das auch schon wie Benno in die Jahre gekommene Familienauto sprang entgegen seiner alten Angewohnheiten sofort beim ersten Mal startend an. Nach zehn Minuten Fahrt in der Luxuskarosse fand man dann auch einen Parkplatz in der Tiefgarage unter der Tanz- und Singebühne.

Das Gebäude war hell und festlich erleuchtet und Tausende schienen heute nichts besseres zu tun zu haben, den die Vorhalle war schon gerammelt voller Zweireiher und First-Ladys. In dem Gedrängel, welches an einen allen bekannten Sommerschlußverkauf erinnerte, verlor Benno fast schon eine Reihe an seinem nagelneuen Zweireiher.

Benno und Susi hatten die Karten erster Rang, erste Reihe Platz 21 und 22. Leider waren die beiden das erste Mal hier anwesend und somit fehlte ihnen noch der Durchblick wie ihn die meisten zielstrebig sich bewegenden Tempelbesucher zu haben schienen.

Nach dem Benno einige Herren im Frack für das Personal gehalten und aber nur recht böse Blicke und Worte, statt Hilfe erhalten hatte, war man dann doch noch dank einer wissenden Person am Ziel der Wünsche angekommen. Benno saß bald darauf recht fürstlich neben Susi auf rotem Samt und seine Beine fanden auch gleich ganz wie zu Hause bequem ausgestreckt vor sich ihren Platz auf der Brüstung. Susi verfärbte sich schlagartig von den Haarwurzeln bis zu den Zehen in ein zartes Rot und ein zärtlicher Schlag, gefolgt von einigen gezischten netten Worten sollte Benno auf sein schlechtes Benehmen hinweisen.

Benno war noch immer gelehrig und saß dann recht sittsam und steif auf den Fürstenplatz. Seine ihn informierenden Blicke erkannten, daß man hier auch an nichts gespart hatte. Tausende Lampen im eleganten Stil und sechs riesige Kronleuchter erhellten den riesigen Saal und mindestens 30 Kilo Blattgold waren oben an der Decke recht künstlerisch verteilt.

Unten ganz vorn an der, von einer riesigen Übergardine verhangenen Bühne saßen dreißig bis vierzig Männer ohne ihre Frauen und diese versuchten krampfhaft auf den mitgebrachten Instrumenten Musik zu machen. Nach den Klängen zu urteilen, mußte das eine völlig neue Musikrichtung sein. Benno hatte solch ein Wirrwar von Klängen und Gekratze jedenfalls noch auf keinem Rundfunksender gehört.

Das Haus füllte sich zusehends und bald waren alle roten Samtbezüge mit irgendwelchen herausgeputzten Hintern verdeckt. Aber einige hatten wahrscheinlich doch den Anschluß verpasst und standen nun vor den bereits fest verschlossenen Türen. Benno hörte sie nämlich dreimal klingeln.

Dann ging das Spektakel endlich los.

Vor den Musiklehrlingen erschien ein im elegantem Frack gekleideter Herr und drohte ihnen mit einem kleinen Stöckchen, da hörten die Instrumentequähler erst mal auf, undefinierten Lärm zu machen. Das waren wohl rechte Weicheier, wenn die vor so einem kleinen Stöckchen solchen Respekt hatten. Nun wurde das ganze teure Licht langsam gelöscht und die riesige rote Übergardine ging auseinander. Die Ausstattung der Show hatte bestimmt ein Vermögen gekostet und das beruhigte Benno vorerst einmal, da der gute Mann bisher einige Probleme mit der Höhe des Eintrittspreises mit sich rumgeschleppte.

Dann wurde da unten für Benno unverständlich gesungen, gekämpft, gestorben und geliebt.

Bennos Gehirn arbeitete auf Hochtouren, um alles vor sich zu verstehen.

Nach einer Stunde ging das teure Licht wieder langsam an und die Übergardine versteckte die teure Dekoration der Supershow. Gott sei Dank ist alles vorbei – ging es dem total genervten Benno durch die durchs viele Denken arg strapazierten Gehirnwindungen – da kann ich wenigstens noch daheim die zweite Halbzeit des Fußballspiels Rote Hosen gegen Tote Hosen sehen.

Aber Benno sollte sich irren, wie schon so oft in seinem Leben.

Auch hier war es ja nur Halbzeit und nachdem beide vergeblich versucht hatten ein Glas Sekt an der Bar in der Vorhalle zu ergattern, saß man dann wieder geschlossen und mit trockener Kehle und ließ die rote Übergardine zum zweiten Mal aufgehen. Gleicher Ablauf – gleiches Nichtverstehen und nach knapp einer Stunde sollte Benno nun doch noch endlich zu seiner heimischen Bierflasche kommen. Aber weit gefehlt.

Als Benno und seine auch schon etwas in Mitleidenschaft gezogene Susi ihre Regenschirme an der Garderobe abholen wollten, informierte eine nette ältere Lady sie über den, nun bald folgenden dritten Akt der Oper.

Auch dieser sollte einmal vorüber gehen und dann wurden aber nach dem nun wieder folgender heller teurer Erleuchtung des Saales die Türen nicht geöffnet. Benno schaute mit ängstlichen Blick in die gezweireihte Runde und stimmte dann zwangsweise in den stundenlangen Ablaus der bestimmt alles verstanden habenden Mitbürger ein. Irgendwie schienen die eine andere Rasse von Mensch zu sein. Vielleicht gehört das auch noch zum Programm – ging es wiederum dem immer noch recht durstigen Benno durch den nun doch schon stark schmerzenden Kopf.

Es war ein sehr, sehr trockener und ermüdender Abend und ob der Zweireiher jemals wieder getragen werden sollte, wußte keiner. Eines hatte Benno aber doch noch sehr verärgert. Warum hat man Karel Gott nicht arrangiert, wo Benno doch der größte Fan von dieser Prager Goldkehle war.

Ein sportlicher Tag

Benno, was mein zweitbester Freund ist – mein bester ist nun mal mein krummbeiniger Dackel Rudi – war sportlich ganz schön auf der Höhe. Im Gegensatz zu meiner völlig unsportlichen Männlichkeit, verfügt Benno über ein Sondersupersportgehirn und er kennt die meisten Spieler seiner Lieblingsmannschaften mit ihren Vornamen. Natürlich verpaßt Benno keine Sportsendung im Fernsehen und das zum Leid seiner ganzen Familie, denn Benno weigert sich hartnäckig eine zweite Flimmerkiste anzuschaffen. Hin und wieder begibt er sich direkt an die sportliche Basis und feuert dort lautstark die eine oder andere Mannschaft an. An den nächsten drei Tagen läuft Benno dann immer mit einem Megaphon herum, weil seine Stimme einige Zeit total im Eimer ist.

Sogar sein durchtrainierter Gang zeugt von seinem sportlichen Leben, im Gegensatz zu meinem etwas entenhaften und krummbeinigen Gang. Der ist mir aber wahrscheinlich schon mit in die Wiege gelegt worden. Also kann ich auch gar nichts dafür.

Unter gewissem autoritären Zwang müssen die beiden Söhne von Benno jeden Sonntagmorgen ihre sechs und acht Jahre alten Körperchen in sportliche Höchstform bringen und hinter Bennos langen Marathonbeinen sich die Kinderlunge aus dem Hals rennen. Sport ist halt alles und vor allem für Benno.

Am letzten Sonntagnachmittag, als ich wieder recht unsportlich mit meiner Familie vor dem Sontagsnachmittagfamilienfilm saß und den Superkäsekuchen meiner Elfriede zum zweiten Mal auf meinem Kuchenteller zu liegen hatte, klingelte es völlig unangemeldet. Meine Elfriede macht wirklich den besten Käsekuchen in der ganzen Bekanntschaft.

Aber wie schon erwähnt, meldete unsere „Sag wer kommt von draußen rein?"-Melodie Klingel eine Person an unserer Wohnungstür oder sogar mehrere.

Nun konnte es ein eiliger Gewinnscheck von der Lotterie sein, aber es konnte aber auch meine extrem neugierige

Schwiegermutter sein. Ich schwankte zwischen Freud und Leid.

Zum zweiten Mal meldete sich die wichtige Person mittels Melodie-Glocke hinter der immer noch vorsichtshalber verschlossenen Tür.

„Gerhard schau doch mal nach, wer es ist." :flötete nun auch schon etwas nervös meine liebe Käsekuchenproduzentin. Leise schlich ich mich durch den Flur und spähte spionierend durch das gleichnamige Loch in der Wohnungstür. Jetzt hätte es ein zurückhaltendes „Scheiße!" oder ein lautes „Hurra!" von mir geben können, aber keines von beiden kam über meine verschlossenen Lippen.

Ich schaute und öffnete stumm.

„Hallo Gerhard! Altes Haus, da staunst du, nicht was?" Ich staunte in Bennos Gesicht.

„Komm doch rein. Was gibt es junges Haus? Ha,ha,ha,ha," :bat ich Benno mit verzweifeltem Galgenhumor herein. Benno war die letzten zwei Jahre noch nie am Sonntag unangemeldet vorbei gekommen. Irgendwer mußte gestorben sein oder sich zumindestens kurz davor befinden.

„He, altes Krümmelmonster": lockerte Benno die Sterbeszene etwas auf. „Hast du schon etwas vor?"

Im Prinzip hatte ich, meine Käsekuchen und der spannende Familienfilm „Bernie lernt lesen".

„Ich habe zwei Karten für das Heimspiel und du hast vor einem halben Jahr gesagt, wenn du mal nichts besseres zu tun hast, willst du mal mitkommen."

Ich hatte vielleicht beim letzten Geburtstag mit zwei Promille im Blut so etwas ähnliches von mir gelallt und Benno dank seines Supersportgehirns ein ausgeprägtes Gedächtnis.

„Elfriede! Ich gehe mit Benno ins Stadion. Es läuft ein wichtiges Heimspiel. Die brauchen da jede Anfeuerstimme. Also, bis gleich ihr drei! Viel Spaß noch beim Fernsehen."

Von drinnen kam keine Antwort, wahrscheinlich gab es gerade eine spannende Szene im Film oder man stellte sich tot, um nicht auch noch mit ins Stadion zu müssen. Wir sind halt allgemein eine unsportliche Familie.

Ich konnte Benno einfach nichts abschlagen und so wechselte ich das Schuhwerk von Hausschlappen zu Adidassuperrenner.

Ich war ja nun wirklich noch niemals bei einem Fußballspiel im Stadion und kannte den grünen Rasen mit den darauf herum tollenden 22 ausgewachsenen Kindern nur von einigen Fernsehausschnitten bei der Tagesschau.

Zwanzig Minuten später saßen wir inmitten von einer unübersehbaren Menge von Heimspielfans und meine Abwesenheit wäre sicher nicht aufgefallen.

„Hier ist was los Gerhard – oder?"

„Ja, super!" :schrie ich in den allgemeinen Lärm aus tausenden sich wahrscheinlich gerade gegenseitig das gleiche fragende und einer ohrenbetäubenden Vormusik. Doch etwas irritierte mich doch etwas. Das Fußballstadion war total überdacht und der sonst so grüne Rasen war mit einer wahrscheinlich noch vom Winter übrig gebliebenen Schicht Eis überzogen. Die Spieler brauchten auf dieser Unterlage bestimmt Spikes und Pudelmützen. Auch die Tore schienen mir bei der letzten Wäsche etwas eingelaufen zu sein, denn die waren meiner Erinnerung nach doch etwas zu klein geraten.

Dann verstummte die Vormusik und unter tosenden Ablaus erschienen die Heim- und die nicht daheim spielende Mannschaft. Nach einigen Überlegungen erinnerte ich mich bei dem seltsamen Schuhwerk der Fußballspieler an meine Kindheit und die damals üblichen Schraubschlittschuhe. Na ja, die haben sich halt an das Eis über ihren sonst gewohnten Rasen angepaßt.

Jedenfalls waren es alles recht stramme Schwarzenäckerjungen und die flitzen wie dicke bunte Eisbären über den kalten Untergrund.

„Was haben die den für Schlagwerkzeuge mitgebracht, Benno?"

Benno schaute mich etwas seltsam an, erklärte mir aber die Schläger dann allgemein verständlich und kurz und bündig, denn es ging unten schon gleich zur Sache. Nach meiner Erinnerung waren bei so einem Spiel aber immer 22 Leute auf dem Platz. Vielleicht hatten sich einige beim Training in dieser Scheißkälte einen starken Schnupfen geholt und waren somit ausgefallen.

Dann stellten sich die Bären gut verteilt auf und nach einem schrillen Pfiff fingen sie an, sich mit den mitgebrachten Schlägern zu verprügeln. So etwas hatte ich ja noch nie im Fernsehen gesehen. Da hatte ich aber bei „Rex" und „Akte X" doch einiges verpaßt.

„He, Benno. Die haben doch gar keinen Fußball!"
Bennos Blick wurde nun wirklich recht seltsam und er brauchte einige Zeit zum nachdenken, ehe er mich wiederum fachmännisch aufklärte: „Gerhard. Die spielen mit einem Puck, Mann!"

Kurz und bündig wie Benno eben so war.
Einen Puck. Ich wußte ja nun wirklich nicht, daß man für einen Fußball auch noch andere Ausdrücke benutzte. Ich suchte den Puckfußball aber wiederum vergeblich. Dann, als die Spieler aufgehört hatten, auf sich einzuschlagen, schlugen sie gegen etwas kleines Schwarzes. Der eingelaufene Puckfußball.

Aber die Hauptbeschäftigung aber war nach wie vor, diese wahrscheinlich allen Beteiligten viel mehr Spaß machende Schlägerei.

Einige Male zischte das schwarze Etwas dann in Richtung der kleinen Tore und dort standen die gefährlichsten dieser seltsamen Rasse von Mensch. Die hatten sogar noch kleine Käfige vor ihren Gesichtern, vielleicht hätten die sonst auch noch gebissen. Daß bei all der Prügelei kein Notarzt geholt werden mußte, trotzte mir doch einigen Respekt von dieser Art Winterfußball ab.

Nach dem das Spiel mit mehr oder weniger an den beiden Gittertormännern vorbei gehuschten Puckfußbällen mit zwei Toren plus für unsere Heimmannschaft beendet wurde, schien das ganze Rasen- lose Stadion zu beben und ich bebte ganz einfach mit.

Nach zwei Wochen und einigen weiteren Erklärungen von Fachsportexperten Benno hatte ich es dann mit meinem Käsekuchensonntagsnachmittagsfilmgehirn doch noch begriffen.

Wir waren bei einem Eishockeyspiel gewesen und wenn ich nächste Woche wieder mal auf meinen wichtigen Kuchen verzichten kann, nimmt mich Benno sogar mal zu einem richtigen Fußballspiel mit. Ich freue mich jedenfalls jetzt schon auf die wilden Prügeleien auf dem Rasen.

Ein wunderschöner Sonntag

Der sonst so wichtige Wecker auf dem Nachttisch hatte Ruhetag, wie eben so ein altes Räderwerk auch einmal verschnaufen muß und seine Nerven zerreißende Klingel nicht benutzen brauchte.

Nur Ernst hatte ihn heute nicht – den Ruhetag am Sonntag.

Frieda, seine beste Ehehälfte, war für einen Tag gestern abend zu dem „Hausdrachen", wie Ernst immer voller Liebe und ohne jegliche Ironie seine Schwiegermutter zu nennen pflegte, gefahren. Nur etwas hatte sie vergessen.

Die beiden Söhne und eine Bedienungsanleitung für diesen erholsamen Tag.

Aber auch ohne Wecker sollte Ernst recht früh aus einem seiner schönsten Träume geweckt werden. Es klang wie eine größere Diskoveranstaltung, wo sich mindestens 200 Leute bei 5000 Watt Musikleistung austobten. Man konnte aber auch den Eindruck gewinnen, ein mittelschwerer Panzer machte gerade den Versuch, sein starkes Triebwerk zu starten.

Ernst stand sofort senkrecht im ehelichen Solobett und die Haare auf seinem Kopf taten natürlich das gleiche. Nach einigen Sekunden der Unwissenheit ortete er den Ohren betäubenden Lärm dann doch noch im Kinderzimmer. Seine ansonsten so stillen und zurückhaltenden Buben erzeugten den Lärm mittels ihrer doch noch nicht voll entwickelten Kehlen. Daß solch etwas Kleines solch einen Lärm erzeugen konnte, ließ Ernst die ersten grauen Haare in seinem Leben wachsen. Aber es half alles nichts. Er mußte sich der zweifachen nackten Tatsache stellen und die beiden süßen Diskjockys erst einmal mit Kleidung bedecken. Im Schrank der Buben herrschte nach Meinung des Erzeugers ein wildes Durcheinander. Ohne Wegweiser und mit schon leicht flackernden Nerven gelang es Ernst aber dann doch noch in fast Weltrecord verdächtiger Zeit von zwanzig Minuten etwas tragbares für die zwei lieben Racker zu finden. Ihm selbst war es wie Stunden vorgekommen, währenddessen die beiden Lieblinge sich im Adamskostüm austobten und die

Kopfkissen der beiden fast keinen Inhalt mehr besaßen.
Leider konnten oder wollten die beiden intelligenten Kinder
sich nicht allein anziehen, obwohl sie ja schon zwei und drei
Jahre alt waren. Die Nachtwäsche hatten sie sich ja schließlich
auch allein ausgezogen. Nach etlichen Versuchen und schon
leicht in Schweiß gebadet gelang es dem Vater dann doch
noch die sehr beweglichen Arme und Beine in die Röhren der
Hemden und Hosen der Kinderbekleidung zu zwängen.
Das wäre dann erst einmal geschafft.
Jetzt machte sich aber ein Mittel knurrender Männermagen
bemerkbar und auch die beiden Kindermägen stimmten sofort
mit ein. Der Kaffee war als erstes in der unübersichtlichen
Küche gefunden. Er stand gleich auf dem Bord links außen
und schien Ernst so seltsam zu zulächeln. Das Kaffeewasser
war auch kein Problem, es lief ja aus der Wasserleitung direkt
zu ihm nach Hause und in die Küche. Nun brauchte er noch
Milch, Brot und andere Leckerbissen. Bohnenkaffe wollte er
dem minderjährigen Stolz der Familie nun wirklich nicht
zumuten. Ernst brachte doch tatsächlich alles zusammen,
obwohl man seiner Meinung nach für die Benutzung der
Küche hatte studieren müssen und da war er mit seiner
Befähigung als LKW-Fahrer doch leicht im Hintertreffen. Mit
den beiden reizenden Burschen hatte Ernst vorher
vorsichtshalber Indianer gespielt und sie beide nach längerem
Kampf an die Bettpfosten gefesselt. So konnten sie ihn
wenigstens nicht bei seiner hochwissenschaftlichen Tätigkeit
aus dem Konzept bringen. Nun konnte er die Tafel eröffnen
und die beiden laute Kriegsschreie ausstoßenden Kinderchen
vom Marterpfahl befreien.
Sehr dankbar waren die beiden aber nicht für ihre Befreiung.
Nachdem ca. ein Pfund Marmelade, zwei Tüten Cornflakes
und zwei Liter Milch gleichmäßig auf dem Küchenboden
verteilt waren, ging es den beiden Burschen besser und das
Festessen konnte beendet werden. Die beiden Lieblinge (wie
sie immer seine Frau nannte) brauchten frische Bekleidung
und der Röhrenkampf vom Morgen konnte sich wiederholen.
Ernst staunte selbst nicht schlecht, woher er diese Ruhe und
Kraft nahm, diese beiden allein zu beherrschen. Jedenfalls

hatte er bis auf drei Fastnervenzusammenbrüchen, welche bei ihm in einige wilde Schreie endeten, alles voll im Griff. Jetzt mußte er sich aber eine sinnvolle Freizeitbeschäftigung für seine beiden Schmusebacken einfallen lassen, damit er ohne größere Bedrängnis das bald notwendige Mittagessen vorbereiten konnte.

Es kam ihm wie eine Erleuchtung.

Ein überaus beliebter Spielplatz der beiden Rettungsschwimmer war die Badewanne. Nachdem Ernst diese mit einer Menge Wasser, welche seiner Meinung nach den internationalen Richtlinien von Wassermengen für Kleinkinder entsprechen würde, gefüllt hatte, gab es aber noch einige kleine Beigaben wie eine Gummiente, zwei Wasserbälle und diverse Holzspielzeuge. Dann gab es aber noch einige Sicherheitsmaßnahmen zu treffen. Ernst entnahm alle beweglichen Gegenstände dem Badezimmer, so daß nur noch die Toilette, das Waschbecken und die Badewanne in diesem Freibad verblieben. Die beiden Fahrtenschwimmer waren auch sichtlich erfreut über Papas Idee und verschwanden sofort und laut lachend im feuchtem Nass.

Ernst begann sich mit dem Ablaufplan des Mittagessens, welchen ausnahmsweise die liebe Mutter vorsorglich dagelassen hatte, wissenschaftlich auseinander zu setzen (er war ja so abgefaßt). Er war schon einige Zeit mit dem fachmännischen Schälen der Kartoffeln beschäftigt, als seine Sandalen tragenden Männerfüße etwas feucht wurden.

Er ahnte schreckliches.

In wilder Hast und mit flackernden Nerven im Flur angekommen, war seine liebe Frau und verständnisvolle Mutter seiner lieben Buben gerade dabei den fünften Eimer Wasser mittels Scheuerlappen zu füllen. Mit einem seltsamen Lächeln wies sie zu Kinderzimmer, hinter dessen halb geöffneter Tür helles Kinderlachen zu hören war. Die beiden Schlaumeier waren doch schon weiter, als Ernst sich vorstellte, denn sie hatten den Wasserhahn der Badewanne ganz allein aufdrehen können. Seine liebe Frau war Gott sei dank zufällig nur fünf Stunden früher nach Haus gekommen oder sollte sie etwa kein Vertrauen zu ihm und seinen männlichen Fähigkeiten gehabt haben?

Eine gelungene Bergtour

Am kommenden Sonntag sollte sich nun endlich ein lang ersehnter Wunsch unserer beiden Söhne Alwin und Edwin erfüllen. Die beiden hatten uns damit schon eine ganze Weile genervt und das für ihr Alter schon recht geschickt angestellt. Elfriede und ich haben dann in zwei fast schlaflosen Nächten darüber diskutiert - als ob uns beiden Erwachsenen nichts besseres mehr einfallen konnte.

Vor zwei Tagen hatte ich mir noch vorsichtshalber ein paar gute Bergstiefel im Fachhandel für diese Strapaze besorgt, welche ich in weiser Voraussicht sogar noch beruflich abtragen konnte. Meine etwas eingebildete, aber ansonsten doch recht liebe Frau wollte bei diesem Spaziergang ihre fast schon angewachsenen Steilwandhackenschuhe nicht missen. Na ja, die lieben Frauen!

Wir hatten dann noch in familiärer Gemeinschaftsarbeit mit unseren vier- und sechsjährigen Überredungskünstlern einen gut bekannten Berg auf der Landkarte gefunden, den wir dann gemeinsam bezwingen wollten.

Unser guter alter Opel war am Vortag dann von mir Nichtfachmann fachmännisch gescheckt worden, indem ich mich von dem Vorhandensein der vier Räder, des Motors und eines vollen Tanks überzeugt hatte. Alles sollte ja bestens laufen und nichts diesen lt. Wetterbericht sonnigen Bergwandertag versauen.

Am unruhigsten schliefen in der Nacht vor der großen Herausforderung wohl unsere beiden jungen Bergbezwinger, denn ich nahm ihre angeregte Diskussion noch gegen 03.00 Uhr war, als ich gerade meine schwache Nachtblase entleeren mußte. Sie schliefen dann aber nach einigen beruhigenden Worten meinerseits endlich doch noch ein.

Wir wollten ja schließlich früh beizeiten los, um nicht in einen von den vielen uns bekannten Bergtourstaus mit unserem alten Opel zu gelangen, denn langsam fahren war nicht gerade seine Stärke.

Leider war mir hier schon ein kleiner Fehler unterlaufen. Ich hatte vergessen unserem ganz privaten elektronischen Weckdienst in Form unseres Radioweckers die notwendigen Daten mitzuteilen.

Die versprochene Bergtoursonne kitzelte mich in meiner Nase und ich sah ängstlich auf unser elektronisches Zeiteisen – es funktionierte noch und zeigte 07:36 an. Den Fehler von mir habe ich ja oben schon abgehandelt. Sonst hatten uns wenigstens unsere beiden Racker immer am Sonntag gegen 06.00 Uhr und auch mal früher aus den Kissen geworfen. Heute hätte ich sie auch im Gegensatz zu früher ganz bestimmt in meine väterlichen Arme geschlossen. Die waren heute halt doch etwas übernächtigt und somit jetzt gerade in ihrem Tiefschlaf.

Nach einer ganz persönlichen Knochen-knackenden Morgengymnastik weckte ich erst einmal meine im Schlaf besonders hübsch aussehende Ellen und wir begannen uns von nächtlichem Schmutz zu reinigen. Mittlerweile waren dann auch Sohnimatzens hell erwacht und drängten an die frische Bergluft.

Es folgte ein hastiges Anziehen und ein noch hastigeres Frühstück, welches ich immer besonders liebe. Wir stürzten dann im Viererpack mit leichtem Gepäck zu unserem Wagen. Der sprang entgegen seiner ganz persönlichen Angewohnheiten auch mal sofort an und wir düsten mit unserer Opeldüse in Richtung Bergwelt.

Leider hatten aber noch mehr Eltern solche Kinder und solche Pläne wie wir.

So reihten wir uns zwangsweise in eine wahrscheinlich schon bis zum Berg reichenden Autoschlange ein.

Es war nun bereits 10.30 Uhr geworden, der gute Planet hielt sein Versprechen und nahm seine Aufgabe als Wärmespender heute besonders ernst. So dauerte es nicht lange und wir konnten unser persönlich ausgeschwitztes Wasser für den schon etwas überhitzten Kühler unseres doch recht hitzeempfindlichen Opels benutzen. Mein sonst im Leben so harter Schädel veränderte sich langsam aber sicher zu einer ganz besonders weichen Birne.

Ellen entledigte sich ganz ungeniert vor mir und unseren noch recht minderjährigen aber auch männlichen Kindern ihres Superwonderbüstenhalters und ich befürchtete noch weitere erotische Handlungen von der auch nicht hitzebeständigen Lady.

In der mir fast unendlich vorkommenden gestauten Zeit, stellte ich mir als Entschädigung immer wieder einen wunderschönen Sonntag daheim mit der Familie vor dem Fernseher vor.

Dann aber war die ganze Quälerei doch noch zu Ende und die hohen Berge, Bäume und der Wald lagen nun rechts und auch manchmal links vor uns und winkten im lauen Wind wehend uns freundlich zu.

Nach einiger Zeit fanden wir auch auf einem verlassenen Bauernhof einen wunderschönen schattigen Parkplatz für unseren recht gequälten Opel. Nun war aber keine Zeit mehr zu verlieren und das Wanderquartett stiefelte im Eiltempo durch Wald und Flur.

Schon nach knapp zwei Kilometern mußte sich meine Ellen von ihren Berghackenschuhen mit leicht Schmerz verzogenem Gesicht trennen, aber nach weiteren fünfhundert Metern quälte sie sich wieder in ihre Idealschuhe für Wald- und Bergwanderungen. Der Waldboden war leider nun mal nicht ganz so schön begehbar, wie unser weinroter Wohnzimmerteppich.

Unsere beiden kaum genächtigten Knaben sprangen derweil aber wie junge Rehe von Baum zu Baum.

Nach überlieferter Meinung ist ja so ein Wald ja auch für die Erholung wichtig und wir fanden eine kleine Lichtung für diese wichtige Tätigkeit. Der bisher tapfer von mir getragener Rucksack wurde dank des immensen Hungers und Durst meiner Familie schlagartig auch um einige Kilo leichter. Aber es dauerte nur wenige Bissen und Schlucke, dann mußten wir auf der kleinen Lichtung doch recht eng zusammen rücken.

Wir hatten ja bloß die anderen auch im Bergstau gestandenen Tausenden anderen Waldluftschnupperer vergessen und einige hundert von denen mußten genau die selbe Karte haben wie wir.

Dann ging es gestärkt im Schnellzugtempo weiter, denn wir wollten nach noch vor Einbruch der Nacht den Berggipfel und dann wieder unseren Opel erreichen. In unserer Eile hätte ich dann fast noch einen stattlichen Hirsch umgerannt und als ich mich dann recht höflich entschuldigt hatte, sprang er hochnäsig und genauso schnell wie wir in sein Revier.

Nun waren wir auf Grund unseres Gewaltmarsches gegen 14.30 Uhr fast noch pünktlich auf dem heiß ersehnten Gipfel und zu unserem eingeplanten Mittagsmahl eingetroffen.

Hier herrschte aber ein unbeschreibliches Chaos.

Es mußten die Bürger von mindestens fünf Städten mit je 100 000 Einwohnern dummerweise genau die gleiche Idee gehabt haben und alle standen nun mit knurrenden Mägen schlangenweise zu je zweihundert bis dreihundert Personen an den hier oben befindlichen Imbißkiosken.

Eine größere Gaststätte hatte man hier vorsichtshalber schon gar nicht aufgestellt, denn sonst hätten sich die dann notwendigen Kellner im Laufe eines Tages die Hacken von einigen paar Schuhen abgelaufen, um jedem gerecht werden zu können.

So stellte ich mich noch recht geduldig wie die anderen in eine der Bockwurst und Limonade begehrenden Schlange.

Auf ein schönes kühles Bier konnte ich aber sofort verzichten. Das wurde allen unmißverständlich auf einen nicht zu übersehenden Schild von drei mal vier Metern mitgeteilt. Vielleicht hat es hier oben auch noch nie Bier gegeben, denn das Schild war schon leicht mit Moos bewachsen und machte somit den Eindruck eines Alters von bestimmt fünfzehn Jahren. Meine liebe Ellen hatte sich nun auch endlich von ihren Sorgenkindern und Schuhen befreit und saß etwas abseits mit noch ca. zwanzig weiteren wartenden Ladys auch ohne Schuhe und Kinder auf einer Bankähnlichen Sitzgelegenheit.

Unsere doch noch recht munteren Knaben hatten gleichgesinnte gefunden und waren dabei, ältere Menschen zu ärgern. Ich konnte leider nicht eingreifen, da sonst unser Mittagsmahl in Form von Bockwurst und Limonade ganz im Eimer gewesen wäre – ich stand ja eingezwängt in der langen

Warteschlange. Als ich nach knapp zwanzig Minuten nur noch etwa dreißig Personen vor mir hatte, verkündete jemand aus einem sicheren Versteck, die Bockwurst wäre ausgegangen – bloß niemand wußte wohin.

Nun blieb für unsere schon am Boden schleifenden Mägen nur noch die Limonade und ich beschloß, davon ein ganzes Faß zu kaufen, damit wir wenigstens gut gefüllt waren.

Es kam dann wie ein Gewitter über uns, denn es wurde zwei Wartende vor mir fachmännisch der letzte Tropfen dieses edlen Getränks präsentiert.

Warum gab es nur solch viele Egoisten auf dieser Welt und alle schienen sich hier auf dem Berg versammelt zu haben. Die anderen schluckten und kauten nämlich ohne schlechtes Gewissen und ohne uns auch nur irgend etwas davon abzugeben.

Der Verkäufer an dem Kiosk hatte wahrscheinlich das größte Herz hier oben und gab stolz und lauthals den noch immer unter Schock stehengebliebenen bekannt, daß er noch eine stille Reserve an etwas überlagerten Keksen anzubieten hatte.

Besser als gar nichts – dachte ich mit meinem zermürbten Hirn und erstand davon pro Kopf meiner Familie zwei Pakete.

Nachdem wir dann nach dem recht beschwingten Abgang vom Berg unseren guten Opel aus der unter ihm nur leicht mit Gras überwachsenen Mistgrube befreit hatten, war die Heimfahrt nur dank der alle vier weit geöffneten Fenster unseres kleinen Stinkers zu überleben. Ich hätte fast noch die Frontscheibe mehr oder weniger fachmännisch entfernt, aber dann wäre die wunderschöne Frisur meiner Ellen bestimmt den Bach runter gegangen.

Den guten, knapp zehn Jahre alten Opel mußte ich dann verschrotten lassen, da ich den seltenen Duft der Mistgrube auch nach unzähligen Innen- und Außenwäschen nicht beseitigen konnte und ich keinem Gebrauchtwagenhändler näher als zehn Meter kommen konnte.

Seit diesem so interessanten und lehrreichen Wandertag kann ich jedenfalls keine Kekse mehr sehen oder essen und ich weiß nicht warum.

Einen guten Rutsch

Das Jahr neigt sich – natürlich nicht zu Boden, sondern wie schon seit nicht vorstellbarer Anzahl davor, seinem Ende.
Nun hört man aller Orts ständig immer wieder ein und denselben Spruch in allen Sprachen dieser Welt:
„Ich wünsche einen guten Rutsch!".
Mein Gott, werden Sie denken – was ist schon dabei.
Tradition, ist doch alles eben nur Tradition. Was gibt es nicht alles für Traditionen.
Da gib es Weihnachten die Weihnachtsgans, obwohl Gänse als solche ja auch mal am 15. Juni verspeist werden und dann ja auch nicht unbedingt 15.Junigans genannt werden. Da werden Ostern Ostereier versteckt, welche oftmals erst fünf Jahre später wieder auftauchen und warum Ostereier, wo sich unsere Hühner doch fast jeden Tag mit schon schmerzendem Hintern krampfhaft bemühen, Eier für ihre Fortpflanzung zu legen, welche aber ihnen ständig von liebevollen Freilandhühnerhaltern geklaut werden.
Über Traditionen allein könnte man Bände schreiben, wonach alle Lexikons der Welt vor Neid erblassen würden.
Aber bleiben wir mal bei dem gut gemeinten „guten Rutsch".
Man bedenke dabei auch, in welcher der vier schönen Jahreszeiten dieser wirklich gut gemeinte Wunsch zu jedem Erdling herüber weht.
Und dann wäre noch zu beachten, daß wir Menschen ja auch relativ gleichmäßig und mit verschiedenen Haut- und Augenfarben auf diesem Planeten verteilt sind.
Bleiben wir nun aber mal in unserer Gegend, weil wir uns ja hier auch viel besser auskennen, als meinetwegen in Quatenane oder Moskischke oder so ähnlich, (weiß nicht wo das liegt).
Nun wissen wir ja von unseren Vorfahren und erleben es teilweise auch noch ab und zu selbst, das zum Zeitpunkt dieses guten Wunsches aus Tausenden, was sage ich, Millionen Kehlen, die gute Mutter Erde in unserer Gegend mit etwas seltsamen überzogen ist – Glatteis.

Nun gibt es dieses Eis leider nicht in Schoko oder Vanillie, aber es gibt es tatsächlich.

Schlagartig steigt der Weltmarktpreis eines einzigen Produktes – Gips. Das ist nun wirklich kein Schreibfehler, sondern etwas, was sogenannte Gipser ihr ganzes Leben lebensnotwendig brauchen, denn sonst wären es ja keine Gipser oder könnten ganz einfach daheim bleiben.

Es werden in Kurzlehrgängen von 3-7 Tagen unverzichtbare neue Orthopäden ausgebildet, da sonst in dieser Glatteiszeit die 5 Orthopäden/1000 Einwohner 48 Stunden am Tag zu Gipsen hätten. Ich muss hier aber anmerken, daß die Orthopäden wirklich keine Gipser sind, sondern auch noch ein paar andere Dinge beherrschen.

Sie werden sich jetzt fragen, was schreibt der bloß für einen Blödsinn, was soll das ganze?

Sie könnten jetzt ja auch aufhören mit lesen und das Buch im Buchhandel gegen einen leicht verständlichen Kriminalroman oder ein Kochbuch umtauschen, aber Sie werden dann etwas wichtiges verpassen, ehrlich.

Glatteis, (siehe oben) hat nämlich eine ganz beschissene Eigenschaft – es ist glatt.

Kaum befindet sich dieser seltsame Überzug auf unseren Straßen und Fußwegen, kann man seltsame Dinge erleben. Ausgewachsene Menschen bewegen sich plötzlich wie Kleinkinder am Laufgurt. Autofahrer befinden sich trotz jahrzehntelanger Fahrpraxis von der Garage zum Waschplatz wieder in die Zeit zurückversetzt, als sie mit einem in Schweiß gebadetem Fahrlehrer auf dem Beifahrersitz, ihre ersten Freilenkversuche unter Beweis stellen mußten.

Ein Chaos auf Straßen und Fußwegen. Allerorts Schmerzensschreie, wenn achtzig Kilo Mensch unbeholfen aus einmeterfünfundsiebzig nach unten fallen und Kraftfahrzeuge, welche innerhalb von Sekunden nur noch Schrottwert haben.

Können Sie sich das alles vorstellen?

Nein?

Dann wohnen Sie sicherlich gerade in der Sahara oder auf einer einsamen Insel mit Kokosnussbäumen.

Aber wir wären nicht zivilisiert, wenn wir nicht auch für diese Situation eine Lösung hätten.

Klar kann man dieses Chaos verhindern.

Wir streuen Sand auf diesen unbeherrschbaren Bodenbelag und siehe da, alles ist wieder in Butter.

In unseren Breiten gibt es ja Gott sei dank einen sogenannten und gut funktionierenden Winterdienst und der kennt sich aus und hat immer viel Sand (nicht im Getriebe) auf der Ladefläche.

Nun gibt es aber ja immer wieder seltsame Begebenheiten auf unserem Planeten, sonst gäbe es ja auch keine Nachrichtensendungen im Fernsehen, sondern gleich noch zwei bis drei Triller mehr am Tag.

Eine dieser seltsamen Begebenheiten könnte ja nun sein, der so kostbare Sand wäre in der Glatteis-freien Zeit für die auch wichtigen, aber zu wenigen Kinderspielplätze, die unzähligen Hotelneubauten und neuen 10-spurigen Autobahnen verbraucht worden.

Ich würde unter solchen Bedingungen dann meinem ärgsten Feind keinen: „Guten Rutsch" mehr zum Jahreswechsel wünschen oder soll es doch noch solche ekelhaften Menschen auf dieser Erde geben!?

Einkaufsbummel

Wenn ich mich selbst einschätze, so kann ich ohne an einen Lügendetektor angeschlossen werden zu müssen von mir sagen, daß ich ein bescheidener, liebevoller und relativ verständnisvoller Mensch bin. Allgemein verständlich kann man auch sagen – ich bin abwaschbar und pflegeleicht. Auch die Ruhe nimmt mir so schnell keiner, weil es ja meine ganz persönliche ist. Bis auf meine leicht zum „O" neigende Plattfüße und dem galoppierenden Haarausfall bin ich auch äußerlich ein akzeptables Vorzeigemodell. Leider habe ich vor zwanzig Jahren den fürs Leben so wichtigen Waschbrettbauch nicht so ernst genommen und heute ist dank eines im Wasser recht gut zu gebrauchenden Schwimmrings im Hüftbereich auch nichts mehr zu retten.

Aber es gab da doch ein paar Dinge, welche meine ganz persönliche Ruhe beseitigten konnten. Das eine war wochenlanger Regen und das böseste war ein Einkaufsbummel mit meiner Ellen. Das zweite dauerte zwar nicht wochenlang, kam aber viel häufiger vor, als ich es verkraften konnte. Ich habe natürlich wie jeder menschliche Erdenbürger ein paar angeborenen Schwächen. Eine von den zwölf bis dreizehn nutzte Ellen aber immer besonders schamlos aus – ich konnte nicht nein sagen. Vielleicht hatte mir in meiner früheren Jugend auch keiner dieses Wort beigebracht.

Warum gab es auch so unsinnig viele Kaufhäuser, Einzelhändler und Bauchläden in unserem Städtchen? Man hätte doch alles unter einem riesigen Dach zusammen packen können und dann wäre alles doch viel zeitsparender und praktischer. Das schlimmste an diesen, nach Meinung meiner Frau lebenswichtigen Bummeln, waren ja die abgelatschten Schuhsohlen.

Im Prinzip brauchten wir nach über zehn mehr oder weniger strapazierten Ehejahren überhaupt nichts mehr in unserem überquellenden Wohlstandshaushalt. Die meisten wichtigen Dinge hatten wir ja sowieso damals schon zu unserer

Hochzeit von den lieben Verwandten und Freunden bekommen. Wir hatten damals schon drei Kaffeemaschinen, zwei Küchenmaschinen, vier Komplettbestecke für zwölf Personen und ganz zu schweigen von den zwei Kleiderschränken voll Bett- und anderer Haushaltswäsche. Wir waren damals schon für bestimmt dreißig Jahre voll eingedeckt worden.

Aber jedes Jahr zehn bis fünfzehn Einkaufsbummel. Das was ich regelmäßig brauchte, waren neue Plattfußtreter, weil diese bei den Einkaufsmarathons immer komplett drauf gingen. Das einzigste was wir noch im Leben brauchten, war ich regelmäßig am besorgen. Lebensmittel aus dem nahegelegenen Supermarkt. Ich hatte nach dreijährigem Kurzlehrgang durch meine Ellen gelernt, dort selbständig einkaufen gehen zu können. Da hatte man ja auch schließlich wirklich alles unter einem Dach und alles ging recht sittsam und ruhig vonstatten.

„Kläuschen, wir müßten wieder mal in die Stadt. Ich brauche einiges."

Dieses säuselte Ellen mir vor dem ehelichen Beischlaf vor zwei Tagen in mein rechtes, auf erotische Worte lauerndes Öhrchen. Der Beischlaf war gestorben und ich hatte meine Kräfte für den angekündigten Marathon aufgespart. In dieser Nacht habe ich auch noch recht schlecht geschlafen und war bestimmt schlagartig um vier Jahre gealtert. Meine Ellen schien nach ihrer Beichte besonders gut zu schlafen, denn sie hat mir nicht ein Mal meine Zudecke weggezogen.

Zwei Tage hatte ich noch damit zu tun, bei meinem persönlichen Seelenklempner vorzusprechen und da der gute Mann meine regelmäßigen Probleme schon kannte, war ich danach auch immer innerlich gut auf alles vorbereitet. Aber meine Kondition konnte ich in dieser kurzen Zeit nicht vom Fernsehmuffel zum durchtrainierten Langstreckenläufer auf Trab bringen.

Kaum hatte ich an dem nun unausweichlich über mich herein gebrochenen Tag der Tage mit zitternder Hand den letzten Schluck des für mich überaus wichtigen Morgenkaffee durch die Kehle gejagt, stand meine strahlende Ellen schon fix und fertig aufgemotzt im Wohnungsflur. Ich hatte noch nicht einmal die paar Minuten für einen lebenswichtigen Nikotinstoß. „Du kannst doch auch noch in der Stadt rauchen, Schätzchen!" :klang heute recht erotisch ihr zartes Stimmchen doch ein wenig sauer an meine Ohren.

Unseren Wagen durften wir auch nicht benutzen, denn dann würde ja soviel Zeit für die Parkplatzsuche draufgehen. Ich hätte aber viel lieber zehn Stunden einen Parkplatz gesucht, als zwei Stunden durch die Einkaufsmeile zu traben. So überprüfte ich noch einmal die Stärke der Sohlen meiner Rennsemmeln (auf deutsch – Schuhe genannt) und war mir ganz sicher, bald keine mehr darunter zu haben. Gott sei dank durften wir wenigsten die öffentlichen Verkehrsmittel benutzen, denn wir wohnten immerhin zu Fuß ca. eine Stunde von der Sündenmeile entfernt und dann hätte ich ein paar Ersatzschuhe mitnehmen müssen. Warum diese Einrichtungen „öffentliche Verkehrsmittel" hießen, darüber könnte bestimmt einmal jemand eine Doktorarbeit schreiben. Wo doch öffentlicher „Verkehr" immer noch unter Strafe steht.

Dann, nach knapp fünfzehn Minuten Benutzens dieser umstrittenen Mittel, tauchten wir zwei in einer wahren Völkerwanderung unter. Dummerweise mußten heute alle lieben Chefs ihren Mitarbeitern einen Sondersupereinkaufstag gewährt haben. Mir kam es seltsam vor, daß die Beleuchtung überall noch funktionierte, da doch auch alle Mitarbeiter der Elektrizitätswerke und der anderen am Ort ansässigen Firmen heute einen Extrasonderurlaub erhalten haben mußten.

Als erstes ging es in ein Porzellanfachgeschäft, obwohl mir auch nach minutenlanger Überlegung nicht einfallen wollte, wann wir im gegenseitigen Einverständnis das letzte Mal Porzellan durch unsere Wohnung geworfen haben sollten.

Nach einigen Pflichtrunden durch den zerbrechlichen Laden und Beschimpfungen der überhöhten Preise seitens Ellen, konnte ich endlich vor dem Laden meine erste Zigarette an diesem Morgen zwischen meine schon zitternden Lippen stecken.

Gleich nebenan befand sich ein Fachgeschäft für orthopädisches Zubehör aller Art. Warum meine Frau nun auch in diesem zielsicher verschwand, hat sie mir nie offenbart. Vielleicht machte sie sich ein wenig Sorgen wegen des schon erwähnten leichtem „O" in meinen Beinen. Ich konnte aber dank meiner Abwesenheit in diesem Fachgeschäft meinen Nikotintank gleich noch mit zwei weiteren Räucherstäbchen füllen.

Als ich gerade meine nächste Zigarette in hellster Glut gebracht hatte, stürzte Ellen aus dem Fachgeschäft und riß mich und ihre immer noch völlig leeren Taschen und Beutel weiter. Ich muß hier aber etwas wichtiges klarstellen. Wenn der Eindruck entstanden sein sollte, ich wäre ein übler Kettenraucher – dann täuscht das gewaltig. Nur der äußere Umstand und die Situation hatten mich so degenerieren lassen.

Dann kam die größte Hürde auf unserem Gewaltmarsch. Bis jetzt war das alles nur die Aufwärmphase. Nach einigen hundert Meter vorbei an seltsamer weise von Ellen völlig ignorierten weiteren wichtigen Einzelhändlern und von unzähligen Miteinkaufsbummlern zum Schneckengang genötigt, erreichten wir den Höhepunkt dieses Tages.

Das Superkaufhaus „Hordi". Es schien mir, als habe der Superladen mindestens dreißig Etagen. Aber es konnte ja auch eine leichte Sinnestäuschung meines schon auf Hochspannung eingestellten Gehirns sein. Es waren vielleicht doch bloß fünf oder sechs. Da Ellen, die jetzt zur Höchstform aufstieg, aber eine sehr seltene Krankheit hatte, durften wir zwei auf keinem Fall einen der unseren Fußmarsch erleichternden Fahrstühle benutzen. Wieder solch ein blöder Ausdruck „Fahrstuhl", wo man darin bestimmt schlecht sitzen konnte und schon gar nicht auf ihnen.

Nach dem meine süße Ehehälfte mit glänzenden Augen und zitternden Stimmchen alle Seifen, Parfüms und Deos im Erdgeschoß fachfräulich begutachtet hatte, ging es mit der Gott sei dank funktionierenden Rolltreppe in die erste Etage. An mir waren in der von uns jetzt verlassenen Duftabteilung natürlich alle vorhandenen Düfte und Deos für männliche

Einkaufbummler ausprobiert worden. Jedenfalls roch ich jetzt auf jedem Quadratzentimeter meines Körpers in einer anderen Duftnote. Wo ich mit dem Duft hinter meinem rechten Ohrläppchen die Frauen rings um uns her zu blitzenden Augen verhalf, so verscheuchte ich sie gleich mit dem Duft hinter meinem linken gleichen Körperteil.

Die erste Etage quoll über von Glas, Porzellan und wichtigen Küchenzubehör. Das Thema hatten wir ja bereits in dem Fachgeschäft abgehakt, aber drei Pflichtrunden durch alle fünfunddreißig Gänge dieser Abteilung waren schon drin. Ellen hatte sogar etwas gekauft. Eine herrliche neue Kaffeetasse für mich, aber wie immer, ohne mich nach der Herrlichkeit dieses überflüssigen Utensils zu befragen. Nach dem dritten dreiunddreißigsten Gang bekam ich plötzlich so ein seltsames Rauschen in meine verschieden duftenden Ohren und gleich darauf konnte ich den dann folgenden Schwächeanfall nicht mehr in den Griff bekommen. Ich landete recht ungeschickt mit meinem unkontrollierbaren Hintern direkt auf einen Stapel Kuchenteller zum Tagessupersonderpreis. Gott sein dank nicht auf den gleich daneben gestapelten Suppentellern. Die waren ja bekanntlich etwas größer und somit im Superangebotspreis doch etwas teurer. Als ich mich nach zehn minütlicher Sitzung auf dem Haufen Scherben wie ein Elefant im Porzellanladen fühlte, bezahlte ich den ganzen Krempel aus meiner Tasche. Die nette und blonde Verkäuferin wollte mir das ganze auch noch einpacken, aber ich schenkte die Scherben des Glücks dem städtischen Kinderheim. Vielleicht konnten die alles in sinnvoller Freizeitbeschäftigung wieder zusammen kleben und dann für Kuchen benutzen.

In die nächste Etage mußten mich dann wieder meine schon etwas gelittenen Ledertreter befördern, da die auch hier vorhandene Rolltreppe eben gerade nicht rollte. Jetzt war Ellen aber wirklich in ihrem Element. Damenoberbekleidung – konnte ich gerade noch im schnellen Lauf auf einem übergroßen Schild neben der nicht rollenden Rolltreppe lesen. Zirka fünfzig Kleider für die reizende Körpergröße hingen noch ungekauft auf einer langen Stange und harrten der

Dinge, die da kommen sollten. Ich hatte in einer der Umkleidekabinen gerade meinen jetzt notwendigen Pausenschlaf beendet, als meine Ellen gerade das vorletzte, der alle von ihr kurz getragenen Oberbekleidung, demonstrativ vor mir auf ihrem schönen Körper gezwängt hatte. Das dritte Kleid, welches sie vor ca. fünfundvierzig Minuten begutachtet hatte, wurde dann doch noch freudestrahlend über den seltenen Fund gekauft. Es war das letzte seiner Art und Ellen war nicht von ihrer Meinung abzubringen, es wäre ein Einzelstück. In den nächsten zwei Wochen sollte sie ihre Meinung aber geändert haben.

Die Spielzeugabteilung in der nächsten Etage hätten wir uns wirklich sparen können, den unsere beiden Kinder waren zu alt für solchen Kleinkram und zu jung, um uns schon mit Enkelkindern versorgen zu wollen. Aber bummeln mußte nun mal sein und so bummelten wir zwischen Lego, Barbie und Knetemännchen herum.

Lange hielt sich meine neu bekleidete Maus aber Gott sei dank hier nicht auf und wir benutzen gleich auch wieder eine nicht rollende Rolltreppe zur nächsten Bummelrunde. Rundfunk, Fernsehen und Computer. Ich war noch nicht einmal in der Lage, letzteres Wort fehlerfrei zu buchstabieren. Aber wir mußten da durch. Nach dem wir uns dann über den neuesten Trend der Pantoffelkinos, den tragbaren 2000 Watt Minidiscplayern und Allroundfernbedienungen, mit welchen man sogar seine Frau fernbedienen konnte, informiert hatten – wußte ich auch bald, daß eine Festplatte nicht essbar war und unsere Fenster daheim ab sofort Windows heißen müssen.

Gott sein Dank befand sich in der bald folgen sollenden nächsten Rolltreppenlosen Etage eine herrliche Imbißecke und ich konnte meinen schon auf Reserve laufenden Kalorientank wieder etwas auffüllen. Ich brauchte diese lebensnotwendige Magenfüllung, um die nächsten zehn bis fünfzehn weiterer Bummelkilometer absolvieren zu können. Ellen hat aber beim Essen auch ganz schön zugeschlagen und ich machte mir schon Sorgen, ob ihr das schöne neue Kleid noch passen würde.

Den Rest der noch zwei folgenden Kaufhäuser und diverser Fachgeschäfte will ich mir aber ersparen hier zu beschreiben, da der Ablauf synchron fast immer der gleiche war. Bloß ich war nicht mehr der gleiche. Wie ich die fünf Stunden Bummelei überstanden habe, weiß ich auch nicht mehr ganz. Jedenfalls habe ich mich schon in die Bewerberliste als Marathonläufer für die nächste Olympiade eintragen lassen. Kondition hatte ich jede Menge aufgebaut und da bis zum Start noch zwei Jahre und ca. 53 weitere Einkaufsbummel zu bewältigen waren, konnte man mir die Goldmedallie schon jetzt unschlagbar überreichen.

Er hat ja nur gepocht

Ich kann von mir behaupten, daß ich bestimmt ein sehr hygienischer Mensch bin. Ich brauche zwar keine „Alle Weis" oder so ähnlich, weil ich ja von Geburt an männlichen Geschlechts bin und für uns seltsame Wesen so etwas noch nicht erfunden ist, aber ich habe schon vor einigen Jahren gelernt, wie man das kalte Duschwasser etwas angenehmer einstellen kann. Sogar die Haare kann ich mir schon geraume Zeit als Mitdreiziger ganz alleine kämmen.
Die allgemeine Körperpflege schreckt ja nun auch bekanntlich nicht davor zurück, drei bis fünf mal am Tag mit einer Hand- oder elektrischen Bürste sich im Mund herum zu fahren. Wichtig ist bei der ganzen Zahnkratzerei, daß man auch die richtige Creme benutzt. Nun um Gotteswillen nicht die Tages-, Mittags- oder Nachtcreme gegen die faltige Haut der Superehefrauen benutzen. Es sind da ganz spezielle Crems entwickelt worden. Zahncreme oder manchmal auch Zahnpasta genannt, was aber bestimmt nichts mit dem gleichnamigen italienischen Nationalgericht zu tun haben. Zum Essen oder herunterschlucken sind die auch gar nicht so ideal, sondern die ganze Sache wird nur Oral (nicht verwechseln mit Anal) benutzt und dann schnell wieder ausgespuckt. Nun will ich aber meine wissenschaftliche Abhandlung beenden, denn die würde sonst zwei Lexikonbände füllen, wenn man alle Details abarbeiten würde.
Nun ist jedem durchschnittlich bewanderten Menschen jeden Geschlechts bekannt, daß trotz der besten, hochwissenschaftlich entwickelten Crems für Rachenraum und Zähne, gewisse Alterserscheinungen in diesem Bereich des menschlichen Körpers nicht ganz zu verhindern sind. Außerdem wäre das ja auch recht unfair gegenüber einem sehr wichtigen Ärztestand – den Zahnärzten. Unsere Beißerchen werden in einem durchschnittlichen Leben ja auch enorm belastet. Der viele Zucker, Kälte und Hitze und mit den Zähnen entfernte Kronkorken von Bierflaschen machen der

weißen oder leicht braunen Pracht in unseren Mündern doch recht zu schaffen. Ab einer gewissen Abnutzung dieses lebensnotwendigen Zubehör unseres Körpers (außer Schnabeltassentrinker) können sich dann schlagartig und bestimmt immer zum falschen Zeitpunkt kaum zu ertragende Schmerzen in allen erdenklichen Regionen der Anfangs noch 32 Zähne einstellen.

So erwische es mich auch im letzten Jahr und es würde bestimmt, trotz aller Mundhygiene, nicht das letzte Mal gewesen sein. Am Anfang war da hinten rechts ja nur so ein leichtes Pochen und das tauchte dann immer regelmäßiger, vor allem wenn ich schlafen wollte, auf. Als ich dann am 24. Dezember morgens zum elektrischen Barthaarentferner griff und mein verschlafenes Gesicht dem blitzsauberen Kristallspiegel näher brachte, rief ich lautstark meine liebe Frau zu Hilfe. Doch auch sie bestätigte mir mit noch etwas vom Nachtschlaf und Nachtcrem verklebten Augen meinen ersten Eindruck.

Ich war nicht mehr ganz ich selbst. In der rechten Gesichtshälfte war ich irgendwie leicht verbeult, bloß diese Beule quoll nach außen, was Beulen ja bekanntlich sonst nur nach innen machen. Ich würde bestimmt ein neues Paßbild brauchen, wenn wir demnächst wieder mal die deutschen Lande in Richtung Urlaub verlassen müssen. Dann sollte etwas passieren, was sich allgemein recht schwer beschreiben läßt, aber ich werde es versuchen.

Es begann damit, daß ich versuchte, diese Ausbeulung meines ansonsten immer noch recht nett anzusehenden Gesichts durch einen vorsichtigen Druck mitttels rechtem Zeigefinger wieder zu beseitigen. Dann geschah alles andere blitzschnell. Schon als mein rechter Zeigefinger nur noch wenige Mikromillimeter von der gespannten Gesichtshaut entfernt in Richtung Beule zeigte, dachte ich, mich tritt ein Pferd und genau auf diese Stelle. Ich muß hier aber der Ordnung halber erwähnen, daß mich noch nie ein Pferd getreten hat, da Pferde ja bekanntlich auch recht friedliche Tiere sind und gar keinen Platz in unserem Badezimmer hätten.

Ein rasender Schmerz war die Folge, welcher sich von den Haarwurzeln bis zum Schienbein hinzog und meine noch ungekämmte Haarpracht sofort in eine senkrechte Form brachte. Auf Grund dieser Schmerzen hätte ich bestimmt sofort Invalidenrente bekommen können.

Meine immer noch etwas verschlafenen Augen drohten aus ihren beiden Höhlen zu fallen und ich hatte das Gefühl, man wolle mir mit einem Brandeisen mein Monogram in die rechte Gesichtshälfte brennen. Ein unkontrollierter Schrei entsprang ungewollt meiner Kehle, welcher den teuren Badezimmerspiegel sofort zertrümmerte.

Wahrscheinlich hatte dieser Schrei auch gleich noch einige unserer lieben Nachbarn geweckt, denn es standen plötzlich einige Personen dichtgedrängt und mit fragenden Blicken in unserem Wohnungsflur. Ein erneuter Schmerzensschrei ließ sie aber von hinnen stürzen und man hörte nur noch, wie sie ihre Wohnungstüren mit irgend welchen schweren Möbeln von innen verstellten.

Mein wissendes und besorgtes Frauchen hatte in aller Eile eine Kamillentinktur bereitet und wollte mir mit einem mit dieser getränkten Wattetupfer etwas hilfreich zur Seite stehen. Nachdem ich ihr recht unkontrolliert in den Zeigefinger ihres gepflegten Händchens gebissen hatte, war ich mit meinen Schmerzen wenigstens nicht mehr so allein. Vergeblich suchte ich im Medizinschränkchen nach den kostbaren Aspirintabletten. Aber den Vorrat von drei Packungen, welcher dank der regelmäßigen leichten Migräne meiner Ehehälfte immer vorhanden war, hatte ich in den letzten zwei Wochen auf Grund dieses leichten Pochens schon komplett verschluckt. Zwei Stunden war ich dann Versuchkarnikel meiner auf immer neue Ideen kommenden Haus- und Kinderärztin von Frau. Tiefgefrorene Steaks lagen auf der Beule. Angewärmte Ziegelsteine sollten folgen und weitere, in zehn Generationen überlieferte Schmerzbefreiungsmöglichkeiten hatte meine mit leidende Ehehälfte schon ausprobiert. Auch das Gurgeln mit 70%igen Alkohol hatte nicht geholfen, obwohl diese Methode aus alter Gewohnheit für mich noch die angenehmste war. Auf Grund

der immer wieder auftretenden Zuckungen in der rechten
Gesichtshälfte habe ich dann beim Gurgeln doch ab und zu
etwas zum trinken gehabt.
Mit dem so ungewollt angetrunkenen Mut half nur noch eines.
Ich raffte meine ganze erbärmliche Männlichkeit zusammen
und verließ ohne Vorankündigung meiner Frau gegenüber
schallgeschwindigkeitähnlich unsere Wohnung in Richtung
Zahnstation des städtischen Krankenhauses. Es waren ja bloß
knapp zwei Kilometer Fußweg, da ich mit meiner gequollenen
Wange nicht mehr in unser Auto kam. Aber ich habe
bestimmt einen neuen Record gelaufen, der leider nicht
offiziell gestoppt wurde.
Die weißgekleidete Frau in der Anmeldung grinste mich so
seltsam an und ersparte mir Gott sei dank mittels meiner
Gesichtswucherung irgendwelche Erklärungen abzugeben.
„Den Gang da hinten runter. Dann in den Aufzug in den
ersten Stock und dann links die zweite Tür."
Ihre lauten Worte prallten gegen meine Beule und erzeugten
gleich wieder eine Klinik füllenden Schrei.
Der Weg war gut beschrieben worden, denn die gute Frau
kannte sich hier bestimmt gut aus.
Aber ich nicht.
War es nun hinten hoch oder runter? Was sollte der Aufzug
mit mir tun? Warum sollte ich mit dem 1.Stock die zweite Tür
einschlagen?
Mein Kopf drohte sich wie eine Dynamitladung zu verhalten.
Dann hatte ich es doch geschafft. Aber auch so ein Monteur
de la Fress läßt sich nur ungern seine vorweihnachtliche
Stimmung durch so eine verbeulte Person wie mich
verderben. Zumindestens deutete ich den eindeutigen Blick
des mit einem weißen Kittel bekleideten Schlachtemeisters.
Schon drohte mir beim Anblick dieser kräftigen, mit den
Augen so komisch funkelten Person mein angetrunkener Mut
schlagartig zu verlassen und ich war schon wieder im gehen.
Die nächste Schmerzwelle hat mich aber dann doch noch vom
Bleiben überzeugt.
„Sie haben getrunken, mein Herr?!" :fauchte der Helfer für
beulende Gesichter mich recht unwirsch an.

„Dann können wir aber nicht spritzen!" :kam als nächstes, ohne eine Anwort von mir.

Da war alles aus. Wie ein Blitz durchzuckte es mich und für zwei Minuten hatte ich schlagartig keine Schmerzen mehr und stand mit einem Bein schon in der Zimmertür.

Mit einem gekonnten Schulterwurf wurde ich aber von dem Karatezahnsteinentferner auf den Folterstuhl befördert und eine nette blonde große Oberweite stand plötzlich auch noch hilfreich neben ihm. Blitzschnell hatten die beiden Folterknechte mich mit gelernten Griffen an den Stuhl gekettet.

So hilflos und voller Schmerzen hatte ich mich mein ganzes Leben noch nie gefühlt.

„Nun zeigen Sie mal her, mein Herr." :säuselte die blonde Oberweite in mein noch gut funktionierendes Ohr und ich konnte dieser Frau einfach nicht widerstehen. Wahrscheinlich haben alle Zahnklempner für solche Fälle wie mich blonde, unwiderstehliche Oberweiten zur Seite.

Ich zeigte mit gemischten Gefühlen und schon hatte ich etwas im Mund, wonach ich diesen nun nicht mehr schließen konnte. Dann versank die Hand des Folterknechtes mit irgend etwas großem und gefährlich aussehenden in diese Zwangsöffnung. Das ist ein ausgekochtes Pärchen - ging es mir noch durch den Kopf, als der wahnsinnigste Schmerz meines Lebens mich in die erste Ohnmacht in meinem Leben fallen ließ.

Als ich unter Hilfe der blonden Oberweite dann wieder in die reale Welt zurück gekehrt war, zeigte mir der freundliche, etwas mit meinem Blut bekleckerte Zahnschmerzbeseitiger etwas unscheinbares weißes Etwas.

„Es war nur ein Weissheitszahn, mein Herr. Nichts von Bedeutung. Also noch ein frohes Fest. Morgen können Sie wieder richtig zubeißen." :mit einem seltsamen Lächeln im Gesicht hatte er mir ein frohes Fest gewünscht. Und wieso Weissheitszahn – vielleicht deshalb das Lächeln, weil der Zahnexperte wußte, daß somit auch mein letztes Fünkchen Verstand mit entfernt wurde?

Jedenfalls konnte ich im Kreise meiner Familie und einem Teil unserer lieben Verwandten am ersten Weihnachtsfeiertag wieder kräftig zubeißen. An meinem Verstand hat sich aber nach meiner persönlichen Erkenntnis bestimmt nichts geändert.

Es wird schon klappen

Es wird schon klappen – dachte Karl-Eduard und begab sich auf dem Weg zu seiner ersten Fahrstunde. Die ganze Theorie hatte den sensiblen dreißig jährigen Spätzünder ja schon sehr in Mitleidenschaft gezogen. Nach unzähligen Versuchen und einigen Weinkrämpfen hatte er dann doch endlich begriffen, wo auf der Straße oder öffentlichem Verkehrsweg, wie es fachmännisch hieß, rechts und links ist. Warum eine solch Unmenge verschiedener Schilder gebraucht wurden (wo er sich gerade vier auf einmal merken konnte), konnte der Theoretiker Karl-Eduard nicht ganz nachvollziehen. So war ihm wenigstens der so häufig gebrauchte Begriff „Schilderwald" endlich klar geworden, denn es gab ja auf diesem Planeten an manchen Orten tatsächlich mehr Verkehrsschilder als Bäume. Aber Karli, wie ihn immer seine liebe Bettina im Liebesrausch ins erhitzte rechte Ohr flüsterte, war nach einem halben Jahr theoretischer Gehirnwäsche endlich einigermaßen fit für die rechte Seite der öffentlichen Verkehrswege.

Seine ganze vierköpfige Familie hatte Karli seit einigen Tagen in helle Erregung versetzt, als er daheim anfing, den nun folgenden praktischen Teil der Ausbildung theoretisch durch zu spielen. Ständig hörte man aus allen Ecken der Wohnung Motorgeräusche eines VW-Golf, die Karl-Eduard täuschend echt zu imitieren verstand. Sein rechtes Gas- und Bremsbein hatte beim gemeinsamen Essen der ganzen Familie seiner Bettina schon zwei blaue Zehen beim bremsen unter dem Tisch beigebracht. Auch den Haus eigenen Dackel Arno hatte der Gasgeber unter dem Mittagstisch zweimal tierquälerisch fast zerquetscht. Beim theoretischen Schaltversuch in den vierten Gang hatte er das wunderschöne Pünktchenkleid seiner Ehehälfte beim Nachtmahl leicht aufgeschlitzt, anstatt mit dem Messer seine Butterbrote zu schmieren. Sein Trockentraining machte auch nicht vor dem ehelichen Bett halt. Statt seiner süßen Bettina etwas notwendige Zärtlichkeit zukommen zu lassen, fuhr Karl seit

Tagen bis spät in die Nacht Hunderte von Kilometer theoretisch auf allen Straßen seiner Stadt. Er wollte ja nur fit sein, wenn es dann ernst wurde. Nun war der Tag endlich gekommen, da sich der Profi das erste Mal in der Öffentlichkeit zeigen sollte.

Da stand Karl-Eduard nun vor dem Fortbewegungsmittel seiner Zukunft und der Fahrlehrer machte nach vier Fahranfängern, welche vor Karl die Straßen unsicher gemacht hatten, auch schon einen sehr fahrigen Eindruck. Die Autotür quietschte nun auch noch sehr verdächtig, als Karl mit seltsamen Pudingknien versuchte den Fahrersitz zu erobern. Kaum saß er saunamäßig durchtränkt, wollte der neue Eroberer aller Verkehrswege auch gleich wieder aussteigen. Die unzähligen Pedale, Schaltknüppel, Anzeigegeräte und Lämpchen erinnerten ihn eher an ein inwendiges UFO, als an ein stinknormales Auto. Aber aussteigen war nun nicht mehr, denn Karli hatte sich schon ordnungsgemäß mit dem Beifahrergurt angeschnallt. Als der etwas fettleibige Fahrexperte mit einem wehleidigen Lächeln und nach Korrektur der Sicherheitsgurte neben ihm Platz genommen hatte sackte das außerirdische Gefährt gleich mal knapp zehn Zentimeter in die schon leidgeprüften Vorderfedern. Wahrscheinlich sind alle Fahrlehrer von so gewaltiger Natur, wegen der Autorität — dachte Karlimatz mit dicken Schweißperlen auf seiner von Theorie vollgestopfter Denkerstirn.

„Nun starten wir erst einmal." – hörte er den Einsteinischen Masseklumpen neben sich sagen. Der hatte gut reden, denn man saß ja doch nicht in einem Flugzeug oder Raumtransporter, obwohl der ganze Bedienungskram immer noch an so etwas erinnerte.

„Sie müssen nur den Zündschlüssel leicht nach rechts drehen." :äußerte sich seltsam gefaßt der Mann neben Karl. Zündschlüssel – dachte Karl mit hochrotem Kopf. Vielleicht explodieren wir dann – aber Karl zündete trotzdem. Ein leicht summendes Geräusch ließ sich nach sechs Zündversuchen hören, so als ob ein ganzer Bienenschwarm unter der Motorhaube emsig seine Arbeit verrichten würde.

„Nun auskuppeln und den ersten Gang einlegen." :räusperte sich der gute Mann wieder neben ihn. Karl-Eduard ließ sich in Sekunden noch einmal sein häusliches Trainingsprogramm durch die überhitzten Gehirnwindungen gehen und dann kuppelte er aus. Das Summen unter der Blechhaube klang schlagartig wie das Triebwerk eines mittleren Langstreckenbombers.

„Nicht Gas geben – auskuppeln!" – schrie in dem Lärm der nun doch schon leicht gerötete Kopf des Fachmanns in Karls verstehendes rechtes Ohr. Aha – dachte Karl. War doch das andere Pedal und schon kuppelte er was das Zeug hielt. Ein grünes Lichtlein blinkte plötzlich vor ihm auf der Kommandozentrale so rhythmisch auf und der immer noch sehr verständnisvolle Fahroberlehrmeister erklärte ihm sachlich, daß er das Blinklicht bedient habe. Der Schaltknüppel wäre hier rechts unten zu finden. Karl fand ihn. Es krachte dann aber sehr verdächtig unter dem Fahrzeug, so als hätte das leidgeprüfte Trainingsmodell irgend ein Teil von sich abgestoßen. Schon tönte eine wichtige Mitteilung von rechts an Karlis weit geöffnetem Ohr. „Sie müssen erst auskuppeln, bevor sie schalten!" Diese Reihenfolge saß unserem Fahrsuperanfänger doch voll im Blut, wo er doch daheim wochenlang alles geübt hatte. So kuppelte und schaltete Karl nun fachmännisch.

„Jetzt etwas Gas geben und langsam auskuppeln!" – tönte eine zarte Stimme von rechts.

Mit nun schon leicht zitternden Knien wurde nun etwas Gas gegeben und langsam eingekuppelt. Der Bienenschwarm unter der Motorhaube hatte schlagartig seine Arbeit beendet. „Wir müssen natürlich die Handbremse vorher lösen, mein Herr." – äußerte man sich übernatürlich ruhig von der rechten Seite. Nun gut, lösen wir – dachte Karli und glaubte somit auch alle Probleme gelöst zu haben. Als er nach drei Runden um den Golf vergeblich die untergelegten Vorlegeklötzer gesucht hatte und wieder ordnungsgemäß angeschnallt im Innenraum saß, zeigte ihm der gute Mann einen unscheinbaren schwarzen Hebel – die wichtige Handbremse. Warum war der Obermeisterfahrlehrer plötzlich so leicht verärgert? – strömte es nun durch Karls Gehirnmasse. Er hatte doch noch gar keinen Blechschaden verursacht oder ähnliches. Nun zündete Karli, kuppelte, schaltete, löste und gab leicht Gas. Er bewegte sich. Karl-Eduard fuhr und auch die Bienen unter der Haube und der nette Herr nebenan fuhr auch mit. Ich fahre, ich fahre – wie ein Blitz durchfuhr es jetzt Karl.

Das verbeulte Heck des knallroten Volkswagens mit dem unscheinbaren Schild auf dem Dach „Fahrschule" hat dann seine Versicherung nach wochenlangem Briefverkehr doch noch bezahlt.

Ganz in schwarz

Ich bin in gewissen Dingen des alltäglichen Lebens trotz meiner zweiunddreißig Lenze immer noch etwas verklemmt. Ich arbeite aber intensiv an diesem Mangel, da meine Moni das Ganze nach fast zehn Jahren Ehe auch schon etwas seltsam findet.

Ansonsten kann ich von mir behaupten, daß ich ganzer Mann bin. Das zeigt ja schließlich auch mein Job als Oberpostfachanwärter im hiesigen Hauptpostamt am Schalter für Beschwerden und andere Leiden. Irgend etwas ist wahrscheinlich schon bei meiner Geburt vergessen worden, vielleicht ein paar von den dafür notwendigen Genen oder so ähnlich.

Meine reizende Moni kann sich mir unbekleidet nur im Stockdunklem nähern, da ich beim Sehen ihres herrlichen Körpers bei Festbeleuchtung immer stundenlangen Schüttelfrost und leichtes Herzversagen bekomme und dann läuft nichts mehr. Bei unseren regelmäßigen Freudenstunden haben wir es immer wieder mal versucht, das Licht anzulassen, aber wie gesagt, immer mit den oben beschriebenen Auswirkungen. Wir haben es schon bei Kerzenlicht versucht, aber meine Adleraugen erspähten sogar bei so wenig Leuchtstärke alle Details am Körper von Moni und danach war die verständnisvolle Frau immer einige Zeit mit dem Auflegen von kalten Umschlägen auf meine glühende Stirn beschäftigt.

Daß ich nun aber einer von den vielen Sexmuffeln bin, kann ich wirklich nicht sagen. Erstens haben wir ja schon zwei Kinder und zweitens ist meine Moni auch im Dunkeln eine sehr beglückte Frau. Auch im Dunkeln kann man allerhand verrückte Dingen machen und Monika hat sich fast schon mit unserem abendlichen Höhlenleben abgefunden. Aber eben nur fast.

Sogar im täglichen Leben war sehr oft der ganze Blutinhalt meines Körpers im Kopf, wenn bei anstehenden Partys und anderen Besäufnissen sogenannte schmutzige Witze die Runde machten.

Vor zwei Jahren habe ich sogar meine ganze erbärmliche Männlichkeit zusammen gerafft und mich auf eine der Tausenden Ledersofas bei einem der ebenfalls Tausenden Nervenheilwunder gelegt. Drei Wochen bohrte der gute Mann (Gott sei Dank war es keine Frau) in meiner Vergangenheit herum und bisher war außer dem Verlust eines kompletten Monatsgehaltes nichts weiter verändert worden. Einen Rat hat mir der weise Mann damals aber mit auf meinen lichtlosen Sexualweg gegeben.

„Kaufen Sie doch mal ihrer lieben Frau still und heimlich schöne schwarze Dessous. Dann ist sie entsprechend der Situation angezogen, aber nicht ganz nackt. Später können Sie dann Stück für Stück etwas davon entfernen."

Zwei Jahre trug ich diesen Ratschlag schon mit mir in einer meiner Gehirnwindungen herum und Monika ahnte noch nicht einmal etwas von dieser reizenden Möglichkeit.

Nun sollte der dunkle Alptraum aber beseitigt werden und da meine Zuckerschnute in zwei Wochen Geburtstag hat, würde das bestimmt ein Supergeschenk für sie werden.

Meine aber noch immer vorhandenen Hemmungen erlaubten mir aber nicht, dieses schwarze Reizteil im Fachladen zu kaufen. Ich wäre schon gleich nach dem Betreten des Erotiksupermarktes in den Betonfußboden versunken und man hätte mich beim Verfüllen des entstandenen Loches gleich mit drin gelassen.

So wollte ich die ganze schamvolle Angelegenheit bei einem Versand per Telefon erledigen, den ein Bildtelefon besaß ich glücklicherweise noch nicht.

Mit etwas zitternden Fingern wählte ich die Nummer, die mich mit dem Erotikversand verbinden sollte. Nachdem sich eine zärtliche Stimme an anderen Ende der Leitung meldete, legte ich mit hochrotem Kopf gleich wieder auf. Den konnte aber Gott sei dank wie oben schon erwähnt niemand sehen.

Zwei Zigarettenlängen und einem dreistöckigen Whisky später befanden sich meine Finger wieder auf der Tastatur und ich wählte mit gemischten Gefühlen das zweite Mal. Schon das längere Rufzeichen klang schon relativ erotisch und einige Schweißperlen fanden ihren Platz auf meiner hohen Oberpostdenkerstirn.

„Hallo! Hier Müllerfass. Sie wünschen bitte? :flötete es schon wieder weiblich.

„Entschuldigen Sie, liebe Frau Schülerhass. Gibt es bei ihnen nicht auch männliche Telefonisten. Das wäre im Zeitalter der Gleichberechtigung doch möglich, oder?" :stammelte ich mit belegter Zunge in den schwarzen Hörer.

„Oh ja mein Herr. Wie ist doch der Name?"

„Meierfelder. Ganz einfach Meierfelder."

„Herr Meierfelder ich verbinde Sie mal mit dem Chef, da können Sie frei und offen reden."

Klick – leider keine erotische, sondern etwas poppige Pausenmusik.

„Hallo, womit kann ich Ihnen helfen?" :fragte jetzt eine herrlich männliche Stimme am anderen Ende der heißen Leitung.

„Hier ist Meierfelder. Ich hätte da gern so etwas schwarzes für meine Frau bei Ihnen bestellt. Sie wissen schon, etwas für ganz bestimmte Fälle."

Das zittern in meiner Stimme verlor sich nun auch langsam und ich konnte das neben mir stehende Whiskyglas schon ohne etwas zu verkippen, zum Mund führen.

„Nicht doch so aufgeregt, Herr Meierfelder. Ich kann Ihre Situation schon verstehen. Wir haben ja täglich mit solchen Kunden zu tun. Wie hätten Sie es denn gern?"

„Na ja. Eben schwarz und so mit Seide und Spitzen dran." Ich hatte mir vorher alles wichtige aufgeschrieben, um einigermaßen über die Runden zu kommen.

„Wir haben da eine große Auswahl im Lager, mein Herr. Wie groß ist denn die werte Frau Gattin?"

„So ungefähr 1,56 Meter groß und schlank."

Aha, also recht klein. Da wird es etwas billiger, weil wir da ja nicht soviel Material benötigen."

„Der Preis spielt aber keine Rolle, Herr Kollege. Hauptsache ist ja, meine Frau kommt so richtig zur Geltung." :recht großspurig versuchte ich meinen Jungfernerotikwäschekauf zu überspielen.

„Wir haben da ein paar sehr schöne Exemplare mit schwarzer Seide und mit herrlichen vergoldeten Griffen."

Goldene Griffe? – ging es mir gleich recht verwirrend durch den hohlen Schädel. Aber man hört da ja die sonderbarsten Sachen in Punkto Erotik. Vielleicht konnte man dann seine Frau damit ins Bett tragen. Etwas seltsam kam es mir trotzdem vor und so hinterfragte ich dann doch noch einmal.

„Was haben Sie denn sonst noch da? Ist mir ein wenig aufwendig mit den goldenen Griffen. Es sollte schon etwas ganz normales sein."

„Aber ja doch. Wir haben da noch einige Stücke in weiß da. Die Grundausstattung wäre in Eiche oder Buche vorrätig."

Jetzt wurde es aber interessant. Sogar hölzerne Dessous gibt es schon. Was die sich alles einfallen lassen. Die kann man nach Gebrauch zum Feuer anmachen benutzen, bloß blöd zu tragen muß das ganze sein.

„Weiß geht nicht, es sollte schon schwarz sein. Aus persönlichen Gründen."

„O.K. Ich respektiere natürlich Ihre ganz persönlichen Wünsche, Herr Meierfelder."

„Und Holz wäre da im Moment auch nicht das Ideale."

„Wir haben da aber noch etwas ganz besonderes. Auf Seemannsart. Da ist auch der Preis nicht schlecht. Es hält sich auch unter Wasser ganz gut zusammen, mein Herr."

Aha – dachte ich – ist also recht waschgünstig. Da können wir es recht oft benutzen.

Am anderen Ende der Leitung ging es aber schon weiter und man riss mich aus meinen inzwischen schon recht erotischen Gedanken.

„Wir können auch noch Blumen bereit stellen und haben auch einen Spezialwagen für diese Zwecke. Das gehört zu unserem Service."

Ich stellte mir meine Sexfee in Strapse und im Blumenmeer vor. Ein wenig Blut stieg mir sofort errötend in meinen Schädel.

„Blumen brauchen wir auch nicht, es ist ja das erste Mal und ich bin froh, wenn es so unauffällig wie möglich abläuft. Ich bekomme in solchen Situationen immer einige Komplexe."
„Ja, ich kann Sie schon verstehen, mein Herr. Das geht vielen so wie Ihnen. Irgendwann ist es für jeden nun mal das erste Mal."
„Danke für Ihr Verständnis, danke."
„Wir können dazu aber auch noch eine kleine Rede halten lassen. Das wird sehr gern genommen. Was meinen Sie?"
Das war aber sogar für mich neu. Soll da einer uns etwa erklären, was wir zu machen haben und dann will der am Ende auch noch mitmachen. Das ist aber nun wirklich Schweinkram.
„Es soll schon lieber bei uns beiden bleiben. Da braucht keiner dabei zu sein." :keuchte ich nun doch etwas ungewollt erregt in den schwarzen Hörer.
„Oh! Das ist aber wirklich sehr selten, mein Herr. Ganz ohne Verwandten und Rede zu der betreffenden Person."
Jetzt wurde es mir aber doch etwas zu makaber. Was die da alles für Sachen auf Lager hatten. Für solche Schweinereien hatte ich aber absolut nichts übrig. Mit Zuschauer und es brauchte auch keiner meiner Moni etwas dazu erklären, das konnte ich auch allein. Aber immerhin war es ein phantastischer Service und vielleicht komme ich mal später darauf zurück.
„Hören Sie. Ich möchte nur etwas in schwarzer Seide mit Spitze und das andere drum herum können wir uns vorerst sparen. Vielleicht beim nächsten Mal etwas mehr."
„Nun gut, Herr Meierfelder. Wir haben ja für ihre Situation das größte Verständnis und wir haben schon die seltsamsten Wünsche erfüllt."
Gott sei Dank – dachte ich - jetzt wird es wenigstens einfach und verständlich.
„Für Sie hätten wir für diesen Anlaß auch gleich noch die passende Bekleidung. Welche Größe haben Sie denn?"
„Oh, das ist nicht schlecht. Ich habe die 46 und bin recht schlank."

„Gut, Herr Meierfelder. Ich habe alles notiert. In schwarzer Seide mit Spitze und für Sie Größe 46. Wir werden uns bemühen, daß alles zu Ihrer besten Zufriedenheit läuft. Wann ist denn die Beerdigung?"

Beerdigung?............Beerdigung?...........

Mir wurde es ganz seidig schwarz im Kopf. Ich hatte mit meinen zittrigen Fingern nur eine Nummer falsch getroffen und ich legte schlagartig auf.

Meine Monika hat sich am Abend dann bei Kerzenlicht in süßen schwarzen Dessous präsentiert, die sie sich auf Anraten meines Nervendoktors schon vor einer Woche heimlich selbst gekauft hatte. Es sollte für uns beide unvergesslich werden und ich war nach entfernen des kleinen schwarzen Slips auch meine Komplexe schlagartig los.

Von dem Telefonat werde ich Monika aber so schnell nichts erzählen, obwohl ich ansonsten für Offenheit in unserer Ehe bin.

Im Osten nichts Neues

Paul Nieselpriem hatte in der letzten Nacht so gut wie gar nicht geschlafen. Eine Nervosität hatte ihn im Griff, die man sonst nur vor Eheschließungen, Staatsempfängen oder in der Vorweihnachtszeit erwischt.
Schon vor einigen Wochen begann es.
Es fing damit an, daß Pauls Unterlippe so merkwürdig nach unten zu zucken anfing. Es waren so rhytmische Zuckungen, so im Beat-Rhythmus und manchmal schlugen diese auch in einen Foxtrott um. In der Firma versuchte er diesen Makel zu verbergen, aber es gelang nicht immer. Er überlegte sich schon, ob er sich nicht in ärztlicher Behandlung begeben sollte, den auch sein Stuhlgang war schon leicht wässrig. Paul neigte auch schon zu leichten Magenkrämpfen und ab und zu legten sich seltsame Schleier vor seine Augen.
Auch die anderen Familienmitglieder bemerkten Pauls seltsamen Veränderungen. Seine liebe Frau Anita wurde bald darauf auch nicht von einer leichten Hysterie verschont. Seit zwei Tagen stotterte Paul nun auch schon hin und wieder, was ihn an einen Presslufthammer erinnerte. Pauls größte Angst aber war, daß er durch seine unkontrollierbaren Nervenstränge, welche mittlerweile fast alle Körperteile befallen hatten, zuckend in seine große Stahlpresse in der Firma kommen könnte. Trinken konnte Paul auch nur noch mit einem Trinkhalm, da seine klappernden Zähne immer wieder fast alles verschütteten.
Anita versalzte auch regelmäßig das Mittagsmahl für die Familie, da sie ihre nun auch schon zitternden Hände nicht mit dem Salzstreuer koordinieren konnte. Sogar das Fernsehbild hatte sich von allem anstecken lassen und zuckte seit einigen Tagen regelmäßig bei den schönsten Programmen oder sollte sich das gute fünfzehn Jahre alte Stück nun auch noch total verabschieden? Paul wußte manchmal schon gar nicht mehr was links oder rechts war und verfiel oftmals in kindliche Gebärden. Er konnte seit gestern nur noch wie ein

Säugling lallen und seine Zunge bekam regelmäßig totale Krämpfe.

Die zwei Kinder versagten seit zwei Tagen sogar den Gang zur Schule, da ihre zitternden Hände den Füllfederhalter nicht mehr richtig führen konnten und sie den „Erlkönig" rückwärts aufsagten. Schon zweimal mußte in der letzten Woche der Notarzt kommen, weil Anita die Wäsche im Toilettenbecken zu waschen versuchte und das Baby in der Waschmaschine baden wollte.

Die letzte Nacht war aber die schrecklichste.

Alptraum über Alptraum fiel über Paul her und Anita krallte dazu auch noch ihre gepflegten Fingernägel die halbe Nacht in Paulchens linken Oberarm. Paul hatte nie geglaubt, daß er diese Zeit einmal überleben würde.

Am nächsten Morgen gegen 10.16 Uhr sollte sich aber schlagartig alles ändern.

Paul und seine liebe Familie waren wieder sie selbst.

Er hatte die Autoschlüssel in der Hand.

Zehn Jahre waren überstanden – er hatte endlich seinen heißersehnten Trabant.

Leben mit der Tasche

Karl hatte schon einige Probleme sehr mannhaft in seinem bisher recht unscheinbar verlaufenen Leben bewältigt. Aber nun hatte es in wirklich ernsthaft erwischt. Schon seit einigen Wochen stand eine randvoll gepackte Tasche im Schlafzimmer direkt am Bett seiner Frau Lisa und wartete dort auf ihren so wichtigen Einsatz. Die Tasche stand da und wartete und wußte nicht, wie wichtig sie eigentlich war. Wie eben Taschen nie wissen, wie wichtig sie sind. Vielleicht hat auch nur niemand diesen Behältnissen gesagt, wie wichtig sie sind. Jeden Tag unterzog Lisa ihrer Tasche eine komplette Leibesvisitation und sie scheckte den Inhalt immer nach einer langen Liste auf Vollständigkeit. Sie wollte sich später keine Vorwürfe machen, daß das Unternehmen fehlschlagen konnte, nur weil irgend ein wichtiges Zubehör mit Abwesenheit in der Tasche geglänzt hatte. Über den letzten Tagen lag dann ein Druck von einigen Atmosphären und die wichtige Tasche drohte schon vom unzähligen Ein- und Auspacken ihr kurzes Taschenleben vorzeitig auszuhauchen. Die Nähte und vor allem der Reißverschluß waren schon stark in Mitleidenschaft gezogen worden. Zum wiederholtem Male wurde der Inhalt des guten Stückes auf Vollständigkeit überprüft, jetzt schon fast im Viertelstunden-Takt und die kurzen Pausen nutzten Karl und Lisa um in stiller Meditation mit der komplizierten Situation fertig zu werden. „Karlchen – Karlimatz, wie ihn immer Lisa zu verkleinern suchte, hatte aber in weiser Voraussicht schon eine fast gleich gestaltete Tasche vor einigen Tagen besorgt. Die alte hätte ja beim ernsthaften Gebrauch nun doch noch auseinander fallen können. So fühlte sich das nun schon recht strapazierte auch nicht mehr so allein und kam sich nun auch nicht mehr so wichtig vor. Als dann Lisa gestern mittag die „Neue" vorsichtshalber auch noch identisch zu füllen begann, trieb es dem sonst so harten Karl doch noch die Tränen in die Augen. Nach einigen vergeblichen Versuchen hatte er dann doch noch eine Zigarette anzünden können und der erste tiefe

Zug unterstützte dann auch noch den schon recht starken Wasserstrom aus seinen Augen.

Karl wollte und mußte nun mal mit dieser Taschenzeit fertig werden und er füllte sich stark wie ein Wackelpuding. Eines bedauerte er aber immer wieder – nicht auch eine Tasche zu sein. Seine Lisa hätte im dann bestimmt öfters berührt und auch seinen Reißverschluß geöffnet.

Doch in der Nacht war es dann endlich soweit.

Ohne Abschiedskuss und die mittlerweile schon im Ehebett schlafende Tasche in der kleinen verkrampften Hand, verließ Lisa ihren noch schlafenden Karl.

Die ersten Wehen hatten gerade eingesetzt.

Paul Heinrich

Das war wieder eine versaute Nacht – dachte Paul Heinrich. Er hatte wenig geschlafen, denn jemand hatte wieder das Licht angelassen. Dann hatte ihn auch noch Roswita, die schlanke geschmeidige Lady angeregt und er war ihr einige Stunden ergebnislos gefolgt. Paul Heinrich hatte schon gleich nach seiner Geburt eine hohe Intelligenz bewiesen. Einfach war es nämlich nicht, als so kleiner Neuling sich vor den schlauen großen Exemplaren zu verstecken. Aber er hatte es immer wieder geschafft. Paul Heinrich hatte den Dreh raus, sich in dieser unscheinbaren Größe immer wieder geschickt zu verbergen und dabei langsam, aber sicher größer zu werden. Damals hat er ja noch recht unscheinbar ausgesehen und sich auch kaum vom weiblichen Geschlecht unterschieden, was ja bei anderen Lebewesen von Anfang an klar zu erkennen ist. Aber er hatte nie den Mut verloren. Irgendwann wird er es ihnen schon zeigen – dachte damals der Winzling und futterte was er konnte und so wuchs er unbeachtet heran. Dann aber sollte man bald erkennen können, was Paul Heinrich einmal für ein Prachtjunge werden wird.

Und er wurde es auch. Er konnte schon hin und wieder sein prachtvolles Aussehen allen zeigen, ohne in Gefahr zu geraten. Immer wenn frühmorgens das Licht anging, war er immer einer der ersten, die sich die Augen auswischten und klar durchblickten. Paul Heinrich war immer als erster beim Frühstück. So konnte er für Augenblicke die besten Stücke für sich heraussuchen und war immer schon satt, wenn die anderen aufgewacht waren. Durch seine Gewandtheit und Schnelligkeit bekam er auch noch einige Stücke zu fassen, die auf den Boden fielen.

Das Fernsehprogramm, welches er von seinem Standort aus immer gut verfolgen konnte, war zwar nicht immer nach seinem Geschmack, aber leider fragte ihn ja auch keiner nach seiner Meinung. Die sich festsaugenden Mitbewohner konnte er aber überhaupt nicht leiden. Diese gefräßigen Ungetüme stürzten sich mit einer ungeheuren Fresslust auf alles Grüne weit und breit. Die hatten von Umweltschutz noch nie etwas gehört. Immer wieder machte er Roswita einen Heiratsantrag, aber dieses eingebildete Weibchen würdigte dem Prachtexemplar in Person von Paul Heinrich keines Blickes. Eines Tages war es sehr kühl in seiner Umgebung geworden – irgend etwas mußte kaputt gegangen sein, denn alle liefen ganz aufgeregt da draußen rum. So sollte Paul Heinrich seinen ersten Schnupfen bekommen und damit eine ganze Weile zu tun haben. Er versteckte sich ganz geschickt vor Roswita, denn mit seinen geröteten Augen und der Rotznase konnte er ihr wirklich nicht unter ihre süßen Augen treten.

Dann war eines Tages – sein Schnupfen war lange vorüber – alles ganz anders geworden. Für Paul Heinrich brach eine Welt zusammen. Roswita war nicht mehr da!

Man hatte sie eingefangen und zum Verkauf angeboten. Für solch ein herrliches Exemplar wurde auch sehr schnell ein Käufer gefunden. Seitdem fühlte sich Paul Heinrich trotz der unzähligen anderen Mitbewohner in seiner Nähe sehr einsam. Eine Woche lang nahm er überhaupt nichts mehr zu sich und magerte um einiges ab.

So geht es nun mal im Leben – alles Gute ist selten beisammen. Der Alltag in seiner Umgebung sollte aber bald wieder alles überschatten und Paul Heinrich hatte sich mit seinem Schicksal – das schönste Guppymännchen im Aquarium zu sein – abgefunden.

Paul ist tot

Paul war nun schon unser fünfter Paul und ein Prachtexemplar von einem Wellensittich. Er bewohnte wie alle seine Vorgänger einen wirklich luxeriösen Käfig mit Badkomfort. Seine vier Vorgänger waren ja Gott sei dank nicht so geendet wie er. Sie waren uns alle nach ein wenig Schnappen von frischer Luft durch das offene Wohnzimmerfenster davon geflogen. Vielleicht wollten sie alle ja auch nur einen kleinen Rundflug im Freien machen und hatten sich in Unwissenheit über unsere Gegend bloß verflogen. Zurück ist jedenfalls keiner wieder gekommen. Vielleicht hätten wir ihnen doch das Sprechen beibringen sollen, dann hätten sie eventuell nach dem Weg fragen können.

Na ja. Nun hatten wir Paul Nummer fünf und er sah wirklich super aus. Er war grün mit schwarzen Streifen auf den Flügeln und einem schwarzen Fleck oben auf seinem Kopf. Bloß seine Stimme war etwas schwächlich ausgeprägt und man mußte schon genau hinhören, um ihn vom Knarren der Wohnzimmertür unterscheiden zu können. Als wir im zoologischen Laden kauften, hat er meiner Frau so in den linken Zeigefinger gebissen, daß dieser mit drei Stichen in der Unfallklinik genäht werden mußte. Das aber hatte ihm sofort meine ganze Sympathie verschafft und ich nahm Paul „fünf" mit einem seltsamen Lächeln mit zu uns nach Haus. Sein neues Zuhause bestand aus einem artgerechtem Drahtgeflecht mit zwei Sitz- und zwei Freßstangen. Es hatte einen Wasser- und einen Futternapf. Beides hätte aber bei Paul getrost eines gewesen sein, denn bei seiner Hektik im Käfig war immer Futter im Wasser und Wasser im Futter. Vielleicht stand Paul auch auf diese Mischung, aber er konnte es uns mit seiner krächsenden Stimme leider nicht mitteilen. Sein Lieblingsplatz aber war auf der vorhandenen Luxusausführung in Form einer Vogelschaukel mit einem gleichzeitigem Blick in einen ebenfalls vorhandenen Vogelspiegel. Paul war wirklich sehr eitel und verbrachte immense Zeit mit schaukelnden Blicken in den Spiegel. Im

Gegensatz zu seinen Vorgängern, welche ausnahmslos alle Dreckspatzen als Wellensittiche waren, benutzte Paul „fünf" überraschend gern seinen ganz besonderen Komfort. Er badete oft und lange in seiner Luxusausführung von einem Vogelbadezimmer. Auch die Mauser hat Paul recht gut überstanden und nachdem er einen neuen Kragen um seinen Vogelhals hatte, schaute er auch gleich wieder in seinen Spiegel.

Ab und zu aber war Paul auch mal außerhalb seiner Luxusvilla und dann stolzierte er mit erhobenem Kopf quer durch die Butter und über unsere Marmeladenbrote. Mit den neuen Mustern von Vogelbeinen schmeckten diese irgendwie immer ganz besonders gut. Dann interessierten ihn immer die von unseren Frühstückseiern abgelegten Schalen, welche Paul mit einer imensen Intensität zerkleinerte und anschließend dazu beitrug, daß ich den gesamten Teppich im Wohnzimmer saugen durfte. Ich hätte ihn ja auch ohne Paul saugen dürfen, aber es gab halt einen Grund mehr dafür. Beim letzten Geburtstag meiner wieder am Zeigefinger verheilter Frau landete Paul nach einer gekonnten Schleife um die Lampe und einem doppelten Looping in einem Kamikatzesturzflug mitten in der wunderbaren Sahnetorte auf dem Tisch. Ob das nun Absicht war oder er sich ganz einfach nur übernommen hatte, konnte Paul uns nicht mehr mitteilen. Ehe wir uns alle von dem großen Schock aus unserer gemeinsamen Schreckstunde erholt hatten, war Paul in den Tiefen der Torte wahrscheinlich an Sauerstoffmangel erstickt. Ich reinigte den grünen Selbstmörder noch vorsichtig unter lauwarmem Wasser in der Küche, aber das hat ihm auch nicht mehr geholfen (vielleicht hätte ich auch kaltes nehmen sollen – Schreck).

Unsere ganze Familie und die Nachbarschaft in zwei weiteren Wohnblocks trug eine Woche lang schwarz und wir überlegten, ob wir nicht auch noch für eine halbe Stunde unsere ganz private Staatsflagge auf Halbmast setzen sollten. Paul bekam ein wunderschönes Grab neben dem Rosenstock vor unserem Mietshaus, denn das war ja schließlich sein letzter Wunsch gewesen. Nun war es still in unseren vier Wänden geworden, obwohl wir von Paul nie viel zu hören bekommen hatten. Seine Abwesenheit war aber nicht zu übersehen, denn ich hatte mich erst nach zwei Wochen richtig daran gewöhnen können und ihm jeden Tag neues Futter in geistiger Umnachtung in den Käfig getan. Es dauerte nicht lange und das Futter quoll über den Boden auf den Teppich und wie immer war ich am saugen und saugen, bis zwei Staubsaugerbeutel voll Vogelfutter in den Mülleimer gewandert waren. Nach der Paul zugestandener Trauerzeit schaute ich Abends meine Frau an, schaute in die Augen unserer beiden Söhne und schaute auf den leeren Käfig auf dem Bord neben dem Wohnzimmerschrank. Da uns für diesen leeren Käfig aber auch wirklich keine andere Verwendungsmöglichkeit trotz stundenlanger familiärer Beratung einfiel, ging ich mit Frauchen am nächsten Tag in den zoologischen Laden. Der Besitzer begrüßte uns beide nun schon mit unseren Vornahmen und empfahl uns diesmal einen von den gelben Vögel, denn der würde ja auch viel besser zu unseren Vorhängen am Fenster passen. Nachdem meine leidende Frau wieder fachmännisch am Zeigefinger genäht nach Hause kam, hatte Paul „sechs" mich bereits seit vier Stunden damit beschäftigt, den gelben Düsenjäger wieder im Wohnzimmer einzufangen. Er ließ sich einfach nicht von seinem Superkomfortkäfig überzeugen.

Ski – Heil

Wie fast jedes Jahr wieder, hatte sich der Sommer
freundlichst und mit immer kürzer werdenden Tagen von uns
verabschiedet. Auch der Herbst mit seiner Farbenpracht war
urplötzlich verschwunden. Jeder Mitteleuropäer weiß aus alter
Erfahrung und Überlieferungen, was nun bekanntlich folgen
mußte. Richtig – der Winter. Und was für ein Wunder, er
folgte tatsächlich.
Der erste natürlich zu dieser Jahreszeit gehörende Schnee war
vor einigen Tagen gefallen und auch gleich großflächig
liegengeblieben. Dieses immer wieder kehrende Naturereignis
sollte meine Familie drei gegen eine Stimme zu einem lang
geplanten Winterurlaub überzeugen. Die eine Stimme war die
meinige. Wie man sich ja bekanntlich zum Sommerurlaub
sicherlich reichlich Sonne wünscht, ist es für den Nasen
rötenden Winterurlaub nun mal der weiße, flockige Belag. Da
ich mich bis heute Jahr für Jahr hatte durchsetzen können, war
ich nun mal nur auf den Urlaub in der warmen Jahreszeit
vorbereitet. Ich war des Schwimmens kundig wie eine
ausgebildete Bachforelle, aber im Winterurlaub war diese
Fähigkeit nicht unbedingt von großem Nutzen. Der weiße
Untergrund verlangte nun mal bestimmt ein anderes Können.
Sogenannte Wintersportgeräte kannte ich bisher nur aus dem
Sportfachgeschäft und dem Fernsehen.
Meine beiden acht- und zehnjährigen
Nachwuchssuperskisöhne waren mir da schon etwas voraus.
Nachdem sie vor zwei Jahren unterm grünen Baum des
Weihnachtsfestes für jeden je ein Paar passende Bretter nebst
Zubehör vorfanden und dann noch Dank der auch recht
Wintersportfesten Mutter nach zwei Wochen hartem Training
fast Olympiareif gerutscht waren, schliefen die beiden erst
einmal einige Nächte in kompletter Wintersportausrüstung in
ihrem Doppelstockbett. Um nun meine schwache Autorität
nicht auch noch völlig zu verlieren, mußte ich schleunigst den
Anschluß an das Können meiner Familie wieder herstellen.
Noch hatte ich eine Galgenfrist von fünf Tagen bis zum
Wintersporturlaubstermin und so machte ich mich sofort auf

meine in den Schuhen befindlichen Socken, um mich im
Fachgeschäft für den Kampf mit dem Schnee zu rüsten. Der
Einkauf war für mich der reinste Horror.
Da gab es Bretter für Lang-, Kurz- und Sprunglauf. Bretter für
Untergewichtige und Fettleibige. Bretter für hartem und
weichen Schnee. Bretter für Anfänger und für die, die es noch
werden wollten. Bretter für Tag- und für Nachtlauf und da
gab es Bretter, die die Welt bedeuteten. Über das
unübersehbare Zubehör für die weiße Sportart will ich mich
erst gar nicht auslassen, denn da würde meine Abhandlung
bestimmt Abend füllend werden. Aber nach dem ich einige
nervöse Standproben und ausführliche Verkaufsgespräche mit
drei Sportgerätefachkräften hinter mir gebracht hatte, war ich
nach knapp sechs Stunden endlich im Besitz der für mich
idealsten Weltmeisterschaftsbretter.
Das war aber nur die Theorie.
Ich versteckte mit all meiner Intelligenz und Geschick das
ganze Schneebretterzubehör still und heimlich in unserem
Kohlenkeller und hatte danach eine sehr unruhige Nacht. Am
nächsten Morgen verließ ich meine noch fest schlafende
Familie in einer der Wachphasen meines Alptraumschlafes. In
einer Ecke im dunklen Keller schienen die beiden schmalen
Holzbretter mich schon so merkwürdig anzugrinsen. Aber
cool übersah ich diese Anspielung. Ich schulterte die beiden
schlanken Holzteile nebst Zubehör und stiefelte im
stockfinsteren Morgenlicht ca. drei Kilometer aus der rings
herum noch komplett schlafenden Stadt. Ich wollte durch
mein sportliches Aussehen bloß kein Aufsehen erregen und so
ließ ich auch die Straßenbahn ohne mich fahren, obwohl die
mich in knapp zehn Minuten zum Stadtwald gebracht hätte.
Als es dann gerade dämmerte, hatte ich endlich
schweißgetränkt und voll ausgerüstet meine persönliche
Trainingsecke am Waldrand zu Fuß erreicht. Hätte ich mit
diesen blöden Holzteilen schon umgehen können, wäre ich
auf ihnen bestimmt viel schneller hergeruscht.
Einen Glimmstengel zwischen den steifgefrorenen Fingern
und den ersten Lungenzug gemacht, fühlte ich mich schon
wieder viel besser. Meinen ganz privaten Trainingshügel

kannte ich schon von früher, als ich mit unseren Söhnen im Alter von drei und fünf Jahren mit dem Rodelschlitten ins Tal geflogen war. Der gefährliche Hügel war ca. 150 Meter lang und hatte ein Gefälle eines schief stehenden Tisches. Also konnte es schon sehr gefährlich werden und mir lief ein eiskalter Schauer über den schweißnassen Rücken bei dem Gedanken an die Geschwindigkeit, welche ich hier wohl erreichen konnte. Noch einige Knochen knackende Freiübungen und ich war voller Mut und in Topverfassung. Die frühe Morgenstunde sollte mich vor blöden Hinweisen und Ratschlägen von zuschauenden und immer besser wissenden Mitbürgern schützen. Nach dem Auftragen von drei verschiedenen Skiwachsen – ich wollte ja auch sicher gehen, das richtige benutzt zu haben – überprüfte ich auch noch fachmännisch die Windrichtung und den Sonnenstand. Alles sollte sich ja zum Besten entwickeln.

Dann endlich hatte mein linker Fuß das erste Mal Kontakt mit dem dazugehörigen linken Skibrett und der darunter liegenden weißen Pracht gemacht, aber leider nicht sehr lange. Noch bevor ich die so wichtige Sicherheitsbindung schließen konnte, war meine Sicherheit auch schon dahin und ich befand mich ca. 120 Zentimeter tiefer auf meinem super neuen Profiskianzughinterteil. Das besagte linke Skibrett hatte ich dann nach einigen Mühen aus der ca. 150 Meter entfernten Rosenhecke hervorgebracht. Gott sei Dank besaß diese Hecke im Winter keine Rosen, aber die überwinternden Dornen hatten doch ihre Kampfspuren an meiner Wintergarderobe hinterlassen. Die Hundertfünfzig Meter Fußweg hatte mir aber wieder einige Kräfte geraubt. Jetzt versuche ich dank meiner noch nicht gelittenen Intelligenz gleich in der sitzenden Pose beide Bretter mit den Sicherheitsbindungen an meinem Körper zu ketten. Das sollte nach wenigen Versuchen mit den total steif gefrorenen Finger endlich gelingen. Nun war aber diese Stellung nicht gerade optimal zum Ski fahren geeignet und so richtete ich mich in meiner ganzen Männlichkeit ruckartig auf. Kurz darauf mußte ich mich dann samt beider Bretter aus der schon erwähnten Rosenhecke befreien. Die Hecke war gut mit Dornen bestückt und setzte sich wieder ordentlich zur Wehr. Aber die beiden auf dem Hügel zurück gebliebenen Skistöcker schienen mir von oben Mut machend zu zuwinken. Mit den beiden Brettern und den daran befindlichen Sicherheitsbindungen, welche pardu meine Skistiefel nicht loslassen wollten, stolperte ich den supersteilen Hang wieder nach oben. Ich war eben die totale Kampfmaschine. Meinem Gefühl nach mußte es schon später Nachmittag sein, als ich bei den beiden Stöcken ankam. Ein Blick auf meine fast eingefrorene Digitaluhr sagte mir aber, daß es gerade mal 07.30 Uhr war. Vorsichtig blickte ich mich nun um, ob in der Zwischenzeit nicht doch noch die Presse oder das Fernsehen eingetroffen war. Bei denen weiß man ja nie, wann die aufstehen, um ihre Schlagzeilen einsammeln zu können.

Als ich mit gut vier bis fünf Kilo weniger Körpergewicht auf allen Vieren und mit den Brettern an den Füßen wieder den Gipfel erklommen hatte, faste ich erst einmal die beiden wichtigen Skistöcker, wie man es mir im Fachgeschäft gezeigt hatte und zog mich wieder in die Senkrechte. In dieser Pose hätte ich bestimmt in der Presse den Eindruck eines zweifachen Weltmeisters machen können.

Ich ließ mir in Gedanken einige Wintersportszenen aus dem Fernsehen durch mein noch nicht ganz eingefrorenes Gehirn gehen und versuchte diese in Ruhe zu analysieren. Schließlich hatte ich eine sehr gute Auffassungsgabe und verfügte als Mann ja bekanntlich über ein sehr gutes logisches Denkvermögen. Diese Minuten der inneren Meditation gaben mir mein Selbstbewußtsein zurück und erinnerten mich an mein unbedingt zu erreichendes Ziel.

Es sollte nun endlich ernst werden, den Kinderkram hatte ich ja vorhin hinter mich gebracht. In leicht gehockter Stellung, wie ich es immer in der Sportschau gesehen hatte, die beiden Bretter mit den Sicherheitsbindungen immer noch mit mir verbunden und den beiden wichtigen Stöckern in den zerfrorenen Händen rutschte ich los. Es ging talwärts. Ca. 150 Meter lang und steil wie ein schief stehender Tisch. Ich hatte bald eine rasante Geschwindigkeit erreicht. Der kalte Fahrtwind pfiff um meine frei liegenden Ohren und er blähte meinen Superskianzug auch gleich mächtig auf. Da mein Trainingshang nicht sehr lang war und nicht weit von seinem Ende ein etwas zugefrorenes Bächlein floß, mußte ich wohl mal an das abbremsen denken. Aber es wollte mir nicht einfallen. Vielleicht waren sogar schon meine Gedanken bei der furchtbaren Kälte und dem Fahrtwind eingefroren. Es fiel mir nicht mehr ein. Dann aber hatte ich wirklich keine Zeit mehr zum Bremsen, aber ein mittlerer Baum hatte mir dabei geholfen. Warum ich gerade diesen von den fünf auf dieser Wiese stehenden Bäumen erwischt hatte, weiß ich auch nicht mehr. Daß dieser Baum nun aber auch gleich meinen linken nagelneuen Ski und das darüber befindliche Knie zerstören mußte, fand ich wirklich nicht sehr nett.

Jedenfalls schwimmen kann ich wirklich viel besser, denn ich bin noch nie ertrunken. Meine Familie ließ mich dann auch noch ganz herzlos mit meinem Gipsbein zwei Wochen allein zu Haus und war in den geplanten Winterurlaub gefahren. Ich habe sofort für den nächsten Sommerurlaub telephonisch gebucht.

Spaß am Spaß

Jedes Jahr auf unserem Planeten Erde besitzt so seine
Eigenarten. So gab es vor Millionen von Jahren irgendwann
in einem ganz bestimmten Jahr einmal den Beginn der vom
hören und sagen uns bekannter Eiszeit. Natürlich haben diese
Hundekälte nur ganz abgehärtete Menschen überlebt und die
haben dann irgend jemanden später davon erzählt. In
irgendeinem Jahr der Menschheit wurden bedeutende
Erfindungen wie der Hosenknopf oder die Senkschraube
gemacht und in irgendeinem von all den bisher vergangenen
Jahren wurde meine Ehe geschlossen.
Na ja. Ich übertreibe mal wieder, wie immer. Natürlich war
meine Eheschließung mit der reizenden Frieda nicht in irgend
einem Jahr, sondern vor einem sogar noch von mir
überschaubaren Anschnitt von Jahren – nämlich vor zwölf
Jahren, drei Monaten, fünf Tagen und zwei Stunden.
Ich verfüge nämlich über ein sehr gutes
Erinnerungsvermögen. Zumindestens was meine
Eheschließung anbetrifft und was das auffinden von verloren
gegangenen Gegenständen angeht. So finde ich nach zwei bis
vier Tage meine im Auto steckengelassene Schlüssel wieder
und meine Brille auf der Stirn sogar schon nach zwei Stunden.
Nun gibt es aber auch Ereignisse in solch einem Jahr, welche
schon seit unvorstellbarer Zeit und Jahren immer wieder
vorhanden sind. Das wäre so zum Beispiel die schöne
Weihnachtszeit, das Ostereier verstecken und der Montag, der
auf dem Sonntag folgt. Dann kehren bestimmt auch schon seit
der Eiszeit und vielleicht sogar schon länger die vier
Jahreszeiten jedes Jahr wieder, obwohl die auch nicht mehr
das sind, was sie mal waren.
Es gibt aber auch noch ein anderes nicht ganz unwichtiges
Ereignis, welches jedes Jahr immer wieder zurückkehrt. Ob
das nun schon vor der erwähnten wichtigen Eiszeit vorhanden
war, ist nicht mehr ganz nachvollziehbar, aber ich glaube auch
schon bei unseren Neandertaler Vorfahren war bestimmt
schon etwas davon zu spüren. Obwohl nach Überlieferung die

119

Erzeuger der späteren Homo sapiens noch mit der Trommel zu telefonieren pflegten, hatten sie doch sicher schon eines mit uns heutigen Nachkommen gemeinsam. Sie hatten einen Mund und Wangenmuskeln und konnten damit bestimmt auch in irgendeiner Form lachen, wenn auch recht steinzeitlich. Wenn diese Wesen lachen konnten, dann frage ich mich worüber? Hatten sie schon Humor und schmutzige Witze? Ich weiß es nicht und ich glaube, daß das bisher auch noch keine Wissenschaft der Welt so richtig erforscht hat. Eines ist aber sicher, irgendwoher müssen wir heute ja schließlich diese weltweit verbreitete Eigenart her haben. Nun gut, nicht jeder Mensch verfügt über die Gabe, über jeden Blödsinn sich fast tot lachen zu können, wie ja bekanntlich auch nicht jeder Mensch eine Million Dollar auf seinem Konto hat.

So soll aber, zwar noch immer unerforscht, lachen ansteckend sein und man hat bisher noch keine Pille dagegen erfunden. Ich bin jedenfalls froh darüber, denn ich zähle mich zu den sogenannten Narren. Natürlich nicht zu denen, welche zu solch einem gemacht werden. Immer wenn der letzte manchmal im Winter vorhandene Schnee geschmolzen ist, beschleicht mich eine seltsame Umwandlung aus meinem Inneren heraus.

Es ist die Zeit des Karnevals, des Faschings, der Fastnacht und der Narretei.

Diese Zeit bringt uns Menschen auch meist etwas näher und zusammen, als man vom Gegenteil hört.

Nun war diese glückselige Zeit der Kappen und Pappnasen wieder planmäßig über uns hereingebrochen und hatte mich und meine Frieda sofort frontal und total erwischt.

In wahrer Euphorie habe ich vorige Woche sogar unseren grünen VW in stundenlanger Arbeit knallbunt bemalt, aber der Regen am übernächsten Tag hat die Wasserfarbe leider wieder brutal entfernt. Sogar mein persönlicher Humor treibt jedesmal in dieser Zeit seltsame Blüten. So kann ich über die traurigsten Dinge im Leben auch nur noch lachen. So z.B. über die angekündigte Steuererhöhung, meine Kündigung in der Firma und sogar über das sauber überzogene Konto durch meine Frieda.

Wie jedes Jahr wieder, so gab es auch dieses Jahr am Rosenmontag einen riesigen Kostümball im Stadtpalast und wir zwei Profinarren wollten nicht mit Abwesenheit glänzen. Unsere beiden jahrelang erprobten Kostüme wurden aus ihrem Versteck im Kleiderschrank geholt und von Frieda liebevoll wieder aufgebügelt. Ich schlüpfte wie immer in ein sehr warmes, aber bewährtes Kostüm als Tanzbär. Diese Verkleidung machte aus meiner knochigen Figur wenigstens einmal im Jahr einen stattlichen Burschen und mich groß und mächtig stark. Aus dem Bärenkopf schauten dann nur meine Augen und meine Kusslippen heraus, da ich diese im närrischen Treiben recht oft benutzen mußte.

Mein Narrenweibchen ging wie immer als schönste Bauchtänzerin verkleidet und war dann vom Kopf bis zu den reizenden Füßen total verschleiert. Nur der wichtige Tanzbauch schaute in der Mitte recht sexy heraus. Obwohl sie das Kostüm schon zehn Jahre lang trug, konnte meine süße Frieda immer noch nicht richtig Bauchtanzen. Mit den Füßen ging das aber schon besser.

So mächtig herausgeputzt und in Bombenstimmung waren wir zwei für einen Abend im Jahr ein närrischer Tanzbär und eine närrische Seidenhülle geworden.

So konnte es also wie jedes Jahr endlich losgehen. Das Taxi, welches uns zum Stadtpalast brachte, schien auch schon etwas närrisch zu sein. Fast zwei komplette Stadtrundfahrten hat uns Mohamed beschert, ehe er begriffen hatte, wohin wir wollen. Ich war der libanesischen Sprache nun mal wirklich nicht ganz mächtig und wenn ich in der Schule besser gelernt hätte, wäre uns eine Menge Fahrgeld erspart geblieben.

Wir waren jedenfalls angekommen, um fünfundsechzig Mark leichter, aber ich konnte mich kaum vor Lachen mehr halten. Sogar Mohamed ließ sich von dieser Krankheit anstecken, obwohl meines Wissens nach diese Völker überhaupt keinen Rosenmontagsumzug besitzen.

Unsere ganze Stadt schien sich verkleidet in der Stadthalle getroffen zu haben, denn es war gerammelt voll. Woher es kam weiß ich nicht, aber ein übermäßiger Druck in meiner unteren Bauchgegend unter dem dicken Bärenfell ließ mich an diesem Abend erst einmal düsentriebmäßig einen dafür zuständigen Porzellanbehälter aufsuchen.

Meine nicht mit dem Bauch tanzen könnende Schleierfrau tauchte derweil in der Menschenmasse unter, um uns einen Ruheplatz für müde getanzte Bärenklauen zu suchen. Nach wenigen Minuten auf dem Ort für private Geschäfte war ich um zwei bis drei Kilo erleichtert und hatte somit Platz für einige Liter neuer Flüssigkeit geschaffen.

Nach dieser extremen körperlichen Anstrengung wollte ich nun endlich Spaß haben. Mein Narrenkörper war auch bald wieder in dem stattlichen Bärenkostüm verpackt und ich öffnete die Tür zum tobenden Ballsaal.

Mein Bärenhaupt schweifte über die ausgeflippte Menge an verkleideten Bürgermeistern, Polizisten, Oberschullehrern und Fachärzten für Urologie und suchte meine verschleierte Bauchfreie.

Schreck laß nach – ging es mir durch meinen schon bärenfellmäßig leicht erhitzten Menschenkopf. Dieses Jahr wollten wahrscheinlich alle hiesigen Weiblichkeiten ihre diversen Bäuchlein und Bäuche der Öffentlichkeit preisgeben, denn ich entdeckte mindestens fünfundzwanzig bis dreißig ebenfalls total verschleierte Haremsdamen.

Wo war meine Zuckerschnecke? Unter welchen Schleiern verbarg sie ihren erotischen Körper?

Ich hätte ja mit meinem Kostüm zu mindestens allen auffallen müssen, aber das war ja so ein schreckliches Getobe und keinem interessierte es, wer hier mit wem und wann einmal verheiratet war. Nun gut. Ich paßte mich gut getarnt der Masse an. Tanzend und küssend versuchte ich die verschiedenen Schleierladys zu analysieren, um so mein heiß geliebtes nacktes Bäuchlein wieder zu finden. Mich hätte sie ja viel leichter entdeckt, denn mein dampfendes Bärenfell gab es wirklich nur einmal. Aber vielleicht war meine Maus gerade dabei, mit irgend welchen wieder getroffenen Freundinnen ein Kaffeekränzchen abzuhalten.

Mal kam ich beim Tanzen mit den unzähligen verschleierten an eine Superdürre, welche mich mit ihren zarten Rippchen fast erdolchte, mal kam ich an eine verschleierte zwei

Zentnerbombe, die mir bereits nach wenigen Tanzschritten meine Bärentatzen zu Spiegeleier verformte.

Wo war meine Schleiermaus?

Zehn Tanzrunden hatte ich mit dick und dünn schon hinter mir. Immer wenn ich dann den Mut fand, das verschleierte Gesicht zum süßen Kuß zu entschleiern, bekam ich entweder gierige feuchte Lippen zu spüren oder mein Bärenkopf mußte wieder etwas gerade gerückt werden.

Um meine in dem Bärenbackofen verlorene Körperflüssigkeit wieder auszugleichen, tankte ich zwischendurch einige Male an der vorhandenen Tankstelle für Zapfhahnsauger. Zehn bis zwölf kühle Blonde (keine Damen) hatte ich mittlerweile schon aufgefüllt und vier doppelte Whiskys gaben dem Ganzen einen guten Beigeschmack.

Ich hatte gerade wieder mal nach einem vergeblichen Tanz meinen Bärenkopf wieder gerade gerückt, mich auf einen der Tankstellensitzgelegenheiten nieder gelassen und die ersten Schluck der Erfrischung war in meinem Magen verdampft, da stand plötzlich ein Kopf- bis Fußschleier neben mir.

„Hallöchen!" :flötete es in mein rechtes Bärenohr. Nun war ja mein Menschenblick unter dem Bärenwesen auch schon wie meine mich rechts anflötetende – stark verschleiert. Mein Verstand hatte sich auch schon leicht durch Alkohol konserviert und so beherrschte ich trotz aller männlichen Bärigkeit einige meiner Körperfunktionen nicht mehr vollständig.

„Hallöchen!" :versuchte meine zwei Pfund schwere Zunge von sich zu geben, aber meine eigenen noch recht vernünftig funktionierenden Gehörmuscheln zweifelten nach dem gehörten, ob ich nicht doch von einem anderen Stern dieses Universums stammen mußte.

„Möchten Sie etwas trinken?" :versuchte ich mich mit meiner vom Planeten Lallerien stammende Sprache die mit zehn Kilo Schleier bedeckte neben mir zum Bleiben aufzufordern.

„Aber natürlich, lieber Teddybär. Ich nehme ein Glas Sekt mit Ananas."

Der Sekt wurde nach einigen Verständigungsproblemen mit dem Barfrack endlich serviert und mein Bärenverstand suchte sich krampfhaft zu sammeln.

Irgendwie befand ich mich in einem seltsamen melancholischen Rausch und die Suche nach meiner wichtigen Ehehälfte war in einem Loch meiner Gehirnwindungen verschwunden. Nach zwei Schluck Sekt und einem Schluck Whisky befanden wir zwei uns bald in einem angeregten Gespräch und meine Gegenüber schien mich sogar ohne Dolmetscher zu verstehen. Das Gespräch war eigentlich gar kein Gespräch, sondern mehr ein Monolog eines Bären an die Menschlichkeit.

Ich offenbarte binnen weniger Minuten die geheimsten Ecken meines dunklen Gehirns und so entdeckte sogar ich nach zehn Jahren Ehe seltsame unbekannte Dinge in mir. Meine süße Zuckerschnecke wurde plötzlich zum lieblosesten Erotikmuffel des Jahrhunderts, meine Kinder zu Folterknechten und mein perfekter Job zur Hölle auf Erden. Mein Bärenfellkopf war von meinen eigenen Selbstmitleidstränen bald schon total aufgeweicht.

Ein bisher tief in mir unter mindestens zehn Meter Gedächtnisschwund begrabener Wunsch nach ein wenig erotischer Abwechslung erblickte dank meiner ca. 2,1 Promille das Licht der Barbeleuchtung und verschwand in Worte formuliert in den Ohren meiner zuhörenden verschleierten Schönheit aus dem Orient.

Nach meiner Frage, ob sie mir ihre Telefonnummer zwecks späterem heimlichen Treffen mitteilen wolle, war mein Bärenkopf nach einer kräftigen Ohrfeige auf dem Fußboden gelandet und mein hochroter und schweißnasser Menschenkopf bekam auch gleich die zweite.

„Du Miststück!" :wurde ich nun durch den Gesichtsschleier angeschrien, das flöten war verschwunden.

Ich hatte verzweifelt meine Frau gesucht, hatte verzweifelt getrunken und hatte mich beim diesjährigen Rosenmontagsball vom Bären zum Affen gemacht.

Nach drei Wochen wechselte meine süße Maus ganz ohne Schleier daheim das erste Wort wieder mit mir und seltsamerweise war unser Liebesleben danach von einer unerklärlichen Veränderung behaftet. So lieb und zärtlich kannte ich meine Friedamaus bisher noch gar nicht.

Sylvesterscherze

Es ging wieder einmal ein Jahr seinem Ende entgegen und
Fritz konnte auf ein gutes zurück blicken. Er hatte eine
Erhöhung seines Bruttolohnes von 2,3 Pfennige durch seinen
so seltsam lächelnden Chef zur Kenntnis nehmen können,
hatte den Schulanfang seines jüngsten Sohnes Erwin überlebt
und auch der diesjährige Sommerurlaub war ein Knaller
gewesen, wenn man die einundzwanzig Zwischenfälle daraus
strich.

Die Nachwehen des gerade vergangenen Weihnachtsfestes
noch in den ganz persönlichen Speckfältchen, stiefelte Fritz
nun quer durch die Stadt dem Jahresabschluß entgegen. Er
stiefelte mit Siebenmeilenstiefeln, denn er hatte ja noch
einiges Wichtiges für das Gelingen der Sylvesterfeier zu
besorgen.

Zehn Flaschen Sekt standen schon seit Wochen geduldig
wartend auf ihren feuchten Einsatz im kühlen Keller. Der
Sylvesterkarpfen schwamm auch schon seit zwei Tagen voller
Vorfreude auf seinen Tötungstag in der Badewanne herum
und blockierte somit die Reinlichkeit der ganzen Familie.

Fritz hatte wieder die schwerste Aufgabe übernommen. Zwei
Tage war es noch bis zum großen Böllerfeuerwerk und dieses
Jahr sollte Fritz das erste Mal in seinem Leben die so überaus
wichtigen Knaller und Feuerwerkskörper besorgen. Bis dato
hatte Fritz nie etwas von dieser Geldverschwendung gehalten
und sich recht preiswert jedes Jahr durch zuschauen bei den
anderen beteiligt. Aber seine beiden Söhne hatten sogar einen
Monat auf ihr Taschengeld verzichtet, um ihn dieses Jahr
überzeugen zu können, sich selbst an dem Geballer ins neue
Jahr zu beteiligen.

Natürlich waren da aber noch einige weitere wichtige
Zubehörteile zu kaufen. Damit kannte sich Fritz nun schon
dank jahrelanger Praxis doch recht gut aus.

So mußte er Papierhüte und –schlangen, drei Kilo Konfetti,
welches man dann noch bis Ostern im Staubsauger finden
würde, ein paar bunte Girlanden und diverse andere

Scherzartikel kaufen. Um die Freßalien kümmerte sich seine Frau, denn da hatte sie die größere Routine.

Nach dem er vier dieser besagten Hüte auf dem Kopf trug, mit den Schlangen aus Papier gekämpft hatte und sein Rucksack voller Konfetti war, fehlten bloß noch die diversen Scherzartikel in Form von Feuerwerkskörpern.

Fritz ging in ein Fachgeschäft für diese Ballereiartikel, obwohl er diese auch im Supermarkt hätte kaufen können. Da wurde er aber nicht fachmännisch beraten und das war ihm beim ersten mal doch recht wichtig.

Im Fachgeschäft stellte ein Fachverkäufer ihm einige dieser besagten Geldvernichter fachmännisch vor.

Da gab es Blitz-, Pfau- und Superdonnerknaller, Raketen mit und ohne Sternchen, Tisch- und Stuhlfeuerwerk und noch einige weitere unzählige Lacherkracher zu erstehen. Leider wollte oder konnte der nach zwei Stunden Beratung leicht ungehaltene Fachverkäufer Fritz die Scherzartikel nicht einmal vorführen. Fritz wollte sich ja nur von der Funktionsfähigkeit der teuren Ballerei überzeugen. Im Supermarkt konnte man ja auch hin und wieder an Infoständen das eine oder andere vorher mal probieren.

So mußte Fritz in den sauren Scherzartikelapfel beißen, ohne nennenswerte Garantie und ohne Umtauschrecht der nicht funktionierten Artikel mit einem Scherz auf den Lippen und einer Tasche voller gefährlicher Brandstifter den Fachladen verlassen. Er war ein mehr oder weniger glücklicher Besitzer von einigen Blitz, - Pfau- und Superdonnerknaller, einigen Raketen mit und ohne Sternchen und diversen Tisch- und Stuhlfeuerwerkskörpern geworden.

Die Bedienungsanleitung, so hatte ihm unfreundlich der freundliche Scherzkeks aus dem Laden noch mit auf dem Weg gegeben, stehe ja immer auf der Verpackung und außerdem wäre alles kinderleicht. Wenn es so kinderleicht ist, warum muß man dann Volljährig sein, ehe man die Dinger erstehen konnte – ging es Fritz dann noch den ganzen Nachhauseweg im Auto durch seinen Kopf.

Als erstes fuhr Fritz aber in den großen Stadtpark, um wenigstens einmal ein wenig probieren zu können. Er wollte sich daheim vor seiner Familie ja nicht unbedingt blamieren. Als er die erste Rakete ohne Sternchen nach genauem Studium der Bedienungsanleitung recht kinderleicht in den noch taghellen Himmel befördert hatte, wies ihn ein freundlicher Polizist auf die gesetzlich vorgeschriebenen Abfeuerzeiten dieser Raketenteile hin. Es war ja noch zwei Tage Zeit.

So mußte er in völliger Ungewissenheit der vollen Funktion seiner anderen Krachmacher noch diese zwei Tage warten und er versteckte die lebensgefährlichen Teile vor den minderjährigen Kinder im tiefsten Keller.

Dann war die gesetzliche Abfeuerzeit doch endlich gekommen und Fritz verschwand mit der explosiven Tüte unter einen fadenscheinigen Vorwand wieder in den Stadtpark. Nach dem er alle Teile nacheinander auf deren Funktionsfähigeit überprüft hatte, stand eine ihm applaudierende Menschenmenge um ihn herum. Auch die letzen beiden Tischfeuerwerke funktionierten tadellos. Fritz war sichtlich erleichtert. Der Fachverkäufer hatte ihn nicht übers Ohr gehauen und er brauchte auch nicht vom nicht vorhandenen Umtauschrecht Gebrauch machen.

Mit dieser wichtigen Erkenntnis und leerer Feuerwerkstüte konnte er nun beruhigt nach Hause traben. Den beiden Jungen erklärte er alles fachmännisch und im nächsten Jahr hatte er vielleicht auch mehr Vertrauen in die Feuerwerksindustrie. Dann sollten die beiden Buben auch auf ihre Kosten kommen. Das Taschengeld zahlte Fritz aber auch anstandslos und in bar zurück.

Seine Frau empfing den etwas Ruß geschwärzten Mann mit einem seltsamen Lächeln und war gerade dabei eine herrliche Orangenbowle zu bereiten. Die beiden minderjährigen hatten durch das heimliche Trinken von je vier Eierlikör schon einige Übersicht verloren und bekamen von dem nicht mehr vorhandenen Knallerwerk kaum mehr etwas mit.

Es war ja nun schon mittlerweile 17.00 Uhr geworden und das alte Jahr hatte gerade mal noch sieben Stunden zu leben. Der Sylvesterkarpfen nach einen langen Kampf mit Fritz aber nur noch wenige Minuten. Dann war ja auch noch vom

Girlandenfachmann und Luftschlangenbändiger das Wohnzimmer entsprechend der Situation festlich zu schmücken. Mit einer Leiter und einem Hammer bewaffnet rückte Fritz nun den bunten Girlanden zu Leibe. In alter Gewohnheit klemmten in seinem Mund immer vier bis fünf kleine Nägel, denn dann war viel leichter zu schaffen. Ob nun durch die drei Gläser vorab gekostete Bowle oder den in Vorsylvesterstimmung leicht geweichten Knien – es war passiert. Die Leiter schwankte bei der dritten Girlande, Fritz lag kurz darauf knapp 1,30 Meter tiefer. Der aus der Hand geglittene Hammer hatte einen gekonnten dreifachen Salto direkt auf die Schädelmitte des gestürzten Aufhängers vollbracht und die fünf kleinen rostfreien Nägel waren durch herunter schlucken in den noch leeren Magen von Fritz gewandert. Eisen soll ja wichtig für die Ernährung sein. Der übermenschliche Schrei aus Fritzens Nagel zerkratzter Kehle ließ auf der Stelle alle anderen drei Mitbewohner erscheinen. Da aber nirgends Blut die beiden Jungen vergraulen konnte, strömte ein lautes schallendes dreifaches Lachen in den nun eine mittlere Beule tragenden Kopf von Fritz. Die Sylvesterstimmung war auf ihrem Höhepunkt. Fritz hatte aber dann doch noch recht standhaft seine Aufgabe beendet und der Sylvesterkarpfen war seiner Frau dieses Mal auch wieder ganz besonders gut gelungen. Draußen waren mittlerweile immer noch einige dabei, ihre gekauften Feuerwerkskörper auf deren Funktionsfähigkeit zu überprüfen, welches Fritz wenigstens schon lange hinter sich hatte.

Gegen 22.30 Uhr waren die beiden Nachwuchsheimlichtrinker dann doch schon echt bettreif, obwohl sie dieses Jahr unbedingt bis 24.00 Uhr aufbleiben wollten. Der Wunsch war ja zu verstehen, aber die Kondition war leider erst acht und zehn Jahre alt.

Nach dem die beiden fast volltrunken in die Betten gefallen waren, konnte sich Fritz endlich unter Ausschluß der Öffentlichkeit auch etwas in die notwendige Stimmung trinken. Ellen, seine besorgte Frau versuchte ihn immer wieder geschickt zu bremsen und wies auf die im kühlen

Keller stehenden Sektflaschen hin. Fritz konnte ja schlecht im Liegen mit seiner Ellen auf das neue Jahr anstoßen und das war nun wirklich nicht mehr weit entfernt.

Es schlug genau zwölf mal auf der Uhr auf dem Fernsehbildschirm und auf der synchron laufenden Wohnzimmeruhr.

„Prost Neujahr, mein Schatz und alles Gute im neuen Jahr!" :strahlte Fritz sein Frauchen an. Die zwei Gläser Sekt gaben dem leicht vom Tag gestreßten Supermann aber dann doch noch den wohl verdienten letzten Rest.

„Prost Neujahr! Prost Neujahr!" :hörte Fritz noch in den letzten Wachmomenten im wunderschönen Ehebett. Ein tiefer und gesunder Alkoholschlaf hatte in besiegt, obwohl seine Ellen sich den Abend doch etwas anders vorgestellt hatte.

Draußen waren dann noch Millionen die ganze Nacht dabei, ihre Feuerwerkskörper auf Funktionsfähigkeit zu überprüfen.

Urlaubsreif

Endlich war es soweit!
Egon träumte schon seit Tagen von Palmen, Strand und
vollbusigen Frauen, wobei von dem letzteren seine Frau
sicherlich nichts wissen durfte. Seine Leistungen in der Firma
befanden sich schon seit einiger Zeit auf einem sehr
abfallenden Ast. Der Meister mußte bei einigen Fläschchen
auch schon ein paar belehrende Aussprachen mit ihm führen.
Egon war eben total urlaubsreif.
Nur dieser auch vom angeheiterten Meister verstandene
Umstand bewahrte ihn vor einer fristlosen Kündigung bei der
Baufirma.
Seine liebe Frau Elfriede ging vorsichtshalber schon seit zwei
Wochen nicht mehr arbeiten. Es war ja noch soviel zu
erledigen. Ihre Hauptbeschäftigung bestand in den letzten acht
Tagen darin, mit einer 2 Seiten langen Liste durch die
Wohnung zu stürzen. Die zwei gepackten Koffer hatte sie
schon mindestens fünfzehn mal aus und wieder eingepackt.
Sie war nun mal die Gewissenhaftigkeit in Person.
„Es soll ja auch nichts schief gehen." :hörte Egon sie immer
wieder wie in Trance vor sich herreden und sie selbst wurde
auch schon immer schiefer. Elfriede war sich nach dem
sechzehntem Mal nicht mehr ganz sicher, ob die braunen
Ersatzschnürsenkel und die Spezialzahncrem für besonders
weiße Beißerchen nun dabei waren oder nicht. So wurde der
Inhalt der beiden überquellenden Urlaubszubehörbehälter zum
wiederholtem Mal gleichmäßig in der Wohnung ausgebreitet
und siehe da, die braunen Ersatzschnürsenkel waren komplett
anwesend und auch die Zähnchen konnten im Urlaub weißer
als weiß geputzt werden.
Egon konnte schon seit ein paar Tagen kaum noch etwas
essbares zu sich nehmen und das Flaschenbier auch nur noch
im abgekochten Zustand trinken. Die Tage zogen sich hin wie
Jahrhunderte und in der vorletzten Nacht hatten beide schon
mal heimlich das große Hauszelt zum üben auf dem
nahegelegenen Parkplatz aufgebaut. Sogar der vorbei
kommende Polizeibeamte hatte nach eingehender Erklärung

von Egon über die allgemeine Stimmungslage Verständnis für die beiden und entfernte mit einem seltsamen Lächeln die schon angelegten Handschellen.

Am Morgen des nun endlich so lang ersehnten Tages, an dem nun die große Reise in den Süden beginnen sollte, war es dann ganz aus. Elfriede hatte den Frühstückskaffee schon als Abwaschwasser benutzt und die Brote für die Reiseverpflegung irrtümlicherweise als Sauerbraten eingelegt.

Egons Zähne glänzten nach dem Verwechseln zweier fast gleich aussehender Tuben, wie seine schwarzen Ausgehschuhe und diese wollten nach dem Auftragen von Zahnpasta perdu nicht in Glanz kommen. Beim Beladen des frisch gewaschenen Audi machte eine verständnisvolle Nachbarin Egon auf das Tragen seiner blau gestreiften Nachtwäsche aufmerksam und der gute Mann bekam daraufhin seine erste ernsthafte Herzattacke. Dann war es doch noch Elfriede, die den so wichtigen Urlaub rettete, als sie zweifelte, ob die so wichtige Nachtcrem „Dolsche Vita" eingepackt worden war.

Nachdem dann die beiden untersuchten Koffer mit Hilfe von zwei verständnisvollen Nachbarn wieder ordnungsgemäß geschlossen waren und in ihnen auch die so wichtige „Dolsche Vita" war, konnte es nun endlich losgehen. Elfriede hatte dann aber noch im eiligen Lauf im Treppenhaus die Handtasche verloren und diese lag nun völlig entleert und ganz unschuldig aussehend drei Etagen tiefer.

Herr Sauerbier vom Erdgeschoß brachte dann einiges vom herumliegenden Inhalt mit einem seltsamen Lächeln im unrasierten Gesicht und gab Egon ein unscheinbares Blatt Papier, welches auch zu den abgestürzten unsinnigen Dingen aus Elfriedes Täschchen gehörte.

Egon las mit hervorquellenden Augen und einem Griff zur Herzgegend das unscheinbare Papierchen.

Sein Urlaubsplatz im schönen Spanien fing erst nächste Woche an.

Eine kleine, wirklich ganz kleine Nachbemerkung

Ich hoffe, dass meine Mühe nicht ganz umsonst war und ich den einen oder anderen etwas schmunzeln entlocken konnte. Wenn das aber nicht der Fall sein sollte, dann haben Sie wieder einmal ein paar Mark wie schon so oft in Ihrem Leben umsonst aus dem Fenster geschmissen. Wenn durch diese unnötige Geldausgabe jemand unter das Existenzminimum geraten sein sollte, bin ich bereit, nie wieder etwas zu schreiben.
Ansonsten werde ich nicht locker lassen, mit offenen Augen und Ohren durch diese Welt zu latschen und die eine und andere seltsame Begebenheit wieder zu Papier zu bringen.

Klaus F.